国家书目主题检索指南

IFLA 国家书目中心主题检索指南工作组
Yvonne Jahns　编
李　霄　译

武汉理工大学出版社
·武　汉·

Guidelines for Subject Access in National Bibliographies
2012
in English by
The International Federation of Library Associations and Institutions (IFLA)
The Hague, Netherlands and De Gruyter Saur, Berlin, Germany

Name of translator: Li Xiao
Organisation of translator/Licensee: China Archives of Publications
Certification (if relevant):
The text of this document has been translated into Chinese and differences from the original text may occur. This translation is provided for reference purposes only.

图书在版编目(CIP)数据

国家主题书目检索指南/(德)伊冯娜·扬斯(Yvonne Jahns)编;李霄译.—武汉:武汉理工大学出版社,2021.12
书名原文:Guidelines for Subject Access in National Bibliographies

ISBN 978-7-5629-6532-9

Ⅰ.①国… Ⅱ.①伊… ②李… Ⅲ.①国家书目-主题检索-指南
Ⅳ.①G254.921-62

中国版本图书馆 CIP 数据核字(2021)第 267976 号
著作权合同登记号:图字 17-2021-151 号

项目负责人:杨学忠　　**责任编辑:**王兆国
责 任 校 对:张明华　　**排　　版:**芳华时代
出 版 发 行:武汉理工大学出版社
社　　址:武汉市洪山区珞狮路 122 号
邮　　编:430070
网　　址:http://www.wutp.com.cn
经　　销:各地新华书店
印　　刷:武汉乐生印刷有限公司
开　　本:880×1230　1/32
印　　张:5
字　　数:144 千字
版　　次:2021 年 12 月第 1 版
印　　次:2021 年 12 月第 1 次印刷
定　　价:48.00 元
凡购本书,如有缺页、倒页、脱页等印装质量问题,请向出版社发行部调换。
本社购书热线电话:027-87384729　87391631　87165708(传真)

前　言

国家书目中心主题检索指南工作组成立于2003年。小组成员来自世界各地多个领域的信息专家,例如精通主题词的图书馆员、术语专家、书目专家、图书馆学和情报学教师等。2005年,我们小组讨论工作研究的范围,并决定建议国家书目纳入主题检索功能,并将其作为国家书目产品中不可或缺的组成部分。目前,许多国家开始通过网络出版的方式推行国家书目,因此怎样整合国内庞大的在线资源,怎样对它们进行编目,以及怎样获取,怎样通过国家书目去查询,都是必须思考的问题。之前,国际图联(IFLA)书目组下属的“国家书目指南工作组”曾负责讨论解决这些“新问题”,并于2009年发表了一份规范性文件——《数字时代的国家书目:指南与方向》,做出了相关专业建议。基于此,本指南工作组也希望通过专业探讨,对2009年指南进行有益补充。

同时,我们的工作也是呼吁国家书目的编制机构在国家书目产品中加入主题检索,这样用户才会因使用主题结构科学有序的分类法和主题标目而受益良多,从而更多地获取他们想要的资源。

本指南的读者群主要包括国家书目实践创新的负责人,各国家书目中心应对海量出版物、新技术、新媒体挑战的骨干从业人员,国际图联(IFLA)书目组系列指南的忠实读者,以及所有对主题检索感兴趣的读者。

在此,感谢所有对编制本指南做出宝贵贡献的同事们,尤其鸣谢Marie Balíková, Pino Buizza, Charlene Chou, Ulrike Junger, Dorothy McGarry, Sirje Nilbe, Sandra K. Roe, Magdalena Svanberg, Barbara Tillett, Maja Žumer,是你们的耐心和宝贵的意见使我们圆满完成这项工作。

Yvonne Jahns,于德国莱比锡

2011年

目　录

1 简　介

1.1 国家书目主题检索

国家书目（National Bibliographies，简称 NBs）是一种重要的信息资源，是不断记录一个国家的正式出版物的累积性目录。国家书目需要“*通过国家书目机构依据相应的国际标准来编制，定期公开出版（尽可能不延期），并且出版细节和作者身份均经过详细查验*”。（Žumer，2009：13）

国家书目的定义和使命已经在众多国际图联（IFLA）官方出版物中反复探讨和描述过了，2009 年发布的《数字时代的国家书目》（Žumer，2009）中又再次进行了探讨。在 1998 年，国家书目服务国际会议（ICNBS）的建议中重点强调了国家书目中心的作用和法定呈缴制度的重要性，其外延之一就是“*重申法定呈缴制度作为保证国家文化智慧遗产和语言多样性的重要维护手段的价值，以及对现世公众和未来用户开放的意义*”。[1]

国家书目不仅可以明确记录出版物的作者、题名和书号，还能反映某一类题材产品的出版动态、发现热门题材或出版语言多样化等多种出版概况。我们如同获取了一把能开启“掌握全国出版整体情况”大门的钥匙，例如了

1　1998 年国家书目服务国际大会最终意见请见 http://archive.ifla.org./VI/3/icbns/fina.htm。

解全国出版的科技类出版物、文学出版物等多种出版物的情况。最终,我们会发现书籍和其他媒体产品对于一个社会是多么重要。“*现行的国家书目是一面镜子,反映了一个国家的文化*。”(Bell,1998)

实现定题搜寻文献的前提条件是先在书目记录中录入主题型数据信息。国家图书馆(National Libraries,简称 NLs)或国家书目中心(National Bibliographic Agencies,简称 NBAs)运用分类法、叙词表或主题标目等工具来给本国的书目数据库加入主题型数据信息,这些工具大多遵从一定的运行规则。理想状况下,完整详细的主题标引法能适用于所有的文献编目。也就是说,用户能找到与各类学科或专业领域相关的现行出版物,能找到控制词来搜寻不同的主题,还能找到相关的著作,以及一些辅助信息,如内容摘要、正文片段预览或目录,甚至有数字版正文。而事实上,大多数图书馆都无法实现这些。

Jay Lambrecht 在 1992 年发表的《国家书目中心初级编目》中指出,“*现实情况往往由于资源有限,每一层级编目都必须做出艰难抉择。一个国家书目中心必须决定在编目上投入多少预算才合适。那些掌管编目运营的负责人必须要在书目著录、主题分析、检索点赋值(分配)、规范文档等等功能中间决定如何分配资源*。”(Lambrecht,1992)自 1992 年起,资金压力就与日俱增,出版物数量也不断增长。在线数据库和搜索引擎(如谷歌)的发展让成本高昂的图书馆编目工作屡受质疑。再加上编目人员还要面临当前信息大规模数字化、自动标引、社会标签等新机制,给传统编目工作的发展带来许多新的挑战。有些时候,一个再简单不过的因素都能影响我们编目的最终结果,如果缺乏合理的策略,必然会给编目工作带来负面效应。

图书馆员的工作之一就是引导和帮助大众读者获取信息,主题检索就是获取信息的途径。用户基于不同的信息诉求对国家书目进行主题检索,例如想浏览一下可借阅的文献,或查阅文献出处,或直接获取文献,等等。通过主题检索就意味着可以查到出版物相关的内容信息。一旦文献被收录进国家书目,主题检索就能让人们了解到某一特定知识领域现存的出版物有多少,分别是哪些,还可以掌握某一国出版了哪些题材的出版物。这样看来,主题检索不仅能呈现馆藏知识资源和内容记录,还让国家书目资源建设变得有意义,更重要的是能让信息使用者理解信息检索的真正价值。

主题检索的实现要基于主题标引和分类标引工作。由于出版物的标题和目录一般无法提供充足的内容信息,有时甚至含有误导性词汇,因此必须对文献进行主题标引。无论是通过同义词搜索方式,或标准化自然语言搜索,还是模糊语言搜索的方式,要实现正确获取文献,主题标引都是基础性环节。它会在内容相近的文献资源之间建立关联。现今,任选一种索引方式都能将大量的出版物信息进行分类删减，由此，出版产品就变得易于管理、更适于阅读、更便于选择，且能被精准搜寻。在图书馆里要实现通过受控主题检索文献信息，“*就要保证其有序、遵循逻辑、客观、提示准确和连贯*”(Balíková,2009)。

1.2 国际图联(IFLA)国家书目中心主题检索指南工作组

“国际图联(IFLA)国家书目中心主题检索指南工作组”由国际图联下属“分类标引组”(Classification and Indexing Section)筹备建立，旨在探索和研究主题检索的相关问题，找出影响国家书目标引政策的关键性要素，并且总结能适用于所有国家书目中心的一般性规律。此外，工作组还希望本指南能对各国家书目机构，在主题型书目数据服务的工作方面起到指导和改善作用。

国际图联(IFLA)分类标引组多年来关注上述各种问题。若干年前，该组领导的“主题标目语言的基本原则(SHL)工作组”已经分析了当前不同国家书目中心采用的语言系统，并介绍了它们的运行原则(Lopes and Beall,1999)。此后，有关主题标引系统的调研越来越多。

1999年，曾提倡建立了“网络资源主题检索研究工作组”，专门把握网络电子文档的主题检索服务走向。[1]工作组全面研究了主题检索的整体应用发展情况，从几个国家收集了有

1 网络资源主题检索研究工作组:《数字化馆藏与信息主题检索指南》,http://archive.ifla.org/VII/s29/Wgsaw.htm。

关数字馆藏主题检索应用的数据并建立了数据库。尽管做了诸多努力，但计划最终未能成形，因为对于 IFLA 来讲，建立和维护世界级文献数据库还不现实。图书馆的环境不断变化，对于海量网络文献存档的政策研究，工作组也只能窥得冰山一角。尽管如此，像《杜威十进分类法》(DDC)、《国际十进分类法》(UDC)和《医学主题词表》(MeSH)等这一类通用分类法和标引语言依旧证明是可以实现主题检索的，对此我们毫不意外。

顺应 20 世纪 90 年代分类标引组的工作方向，国际图联另一专业组开展了一项有关“国家图书馆和国家书目中的标题语言”的调查研究。1995 年至 1997 年间发放问卷，2000 年调研成果由 Magda Heiner-Freiling 正式发表。研究发现，《美国国会图书馆标题表》(LCSH)在美国以外的很多国家的国家图书馆里被采用。[1] 很多国家翻译或借鉴 LCSH，作为标引本国语言文献最主要的主题标目语言。研究还分析了现行采用的各种分类法，也调查了图书馆是否需要针对主题标目的应用和创新编制手册。《杜威十进分类法》(DDC)毫无意外是最具优势的分类法，它已成为各图书馆除本国主要分类法之外使用最多的一种国际性分类法。

评估问卷结果后 Heiner-Freiling 做出了研究结论：

“许多发展中国家目前采用的主题编目体系多始于 20 世纪 90 年代，有些从 1980 年就

1　88 家国家图书馆回答了问卷。

开始了。一些与'书目控制'相关的国际图联(IFLA)会议、研讨会和官方出版物,以及有关'主题规范'的指南[1]*,很可能推动了发展进程,并帮助和指引这些国家建立他们自己的国家书目。*"(Heiner-Freiling,2000:193)

我们希望目前的相关《指南》能进一步帮助他们的发展。

2009年,国际图联(IFLA)发布了《国际编目原则声明》(ICP),并在官网上提供各种语言的译文版本下载。[2] 该声明是由来自世界各地的决策者和编目专家经过5轮会谈,反复论证书目控制问题,才定稿完成的,且最终得到了71国的认可。其中特别强调了主题检索对书目信息运用的重要性,且明确指出,给出版文献标注的受控主题词汇和(或)分类标记是至关重要的检索点。(Tillett and Cristán,2009:33)

"国际图联(IFLA)书目记录的功能需求(FRBR)研究组"于1997年研发了一个概念模型,来呈现书目世界的实体属性和结构关系。2005年,"国际图联(IFLA)主题规范数据的功能需求(FRSAD)工作组"成立,专门探讨主题规范数据问题,并对用户直接地或间接地使用主题规范数据情况进行普查。2010年研究成果[3] 正式公布,它建立了一个架构,让主题规范数据对于信息发展意义达成共识,同时期望它能满足用户的需求。当一名用户使用主题规范数据时,他可能需要找到、识别并选择一个或多个主题对象。一名用户也可能选择查询一个主题领域以及它的专业术语。这种情况

1 《主题规范与参照款目指南》,1993年发布。

2 国际图联编目组(Cataloguing Section)和国际图联组织的一系列关于国际编目规则专家会议发布了《国际编目原则声明》(ICP),http://www.ifla.org/en/publications/statement-of-international-cataloguing-principles。

3 《主题规范数据的功能需求(FRSAD):一种概念模型》,http://www.ifla.org/files/classification-and-indexing/functional-requirements-for-subject-authority-data/frsad-final-report.pdf。

不仅在编目环境下会出现，在对国家书目进行主题检索时也会出现。主题规范数据的功能需求(FRSAD)模型说明了相关性分析带来的挑战，即一本著作与它的主题之间的关联性。这里我们会遵循他们对“主题”概念的理解。[1]

2003年在柏林举办的国际图联(IFLA)年会上，分类标引组常务委员会讨论了如何保证国家书目中心提供正确的主题检索服务，以满足用户的需要。与此同时，国际图联(IFLA)书目组常委会在讨论如何应对迅速崛起的电子媒体。这两个组都建立了工作小组，探究国家书目中心和国家图书馆的发展，并更新了指南，以求帮助推进世界范围内书目服务的发展。鉴于图书馆日益网络化发展，两个工作组的工作宗旨和内容多年来都有变化。(参见附录Ⅰ:工作组背景介绍)

顺应书目组的工作，分类标引组主要的工作目标是：

· 立足于国家图书馆和国家书目中心的角度研究标引政策，针对国家书目不同的用户群体(利益相关群体)来评估采用什么样的检索方式更合适；

· 在主题检索中的文献选择问题和主题标引的分级定级问题上提供专业建议；

· 编制指南(起码要求)，此外还要完善《数字时代的国家书目指南》，确保给各国家书目中心合理的主题检索建议，以帮助满足用户的需求。

由此，我们的工作主要分三大部分。除了

1 “主题规范数据的功能需求(FRSAD)工作组”意识到一些可控词表中的词汇实际除了表达主题(例如文献资源的形式、种类和读者群)之外，还反映了著作的其他方面属性。虽然这些属性非常重要，也是许多用户质疑的焦点，它们描述了文献是什么，多反映文献的形式或类别(如小说、剧本、诗歌、散文、自传、交响乐、协奏曲、奏鸣曲、地图、素描、绘画、图片等等)，而不是文献的主题内容。这些属性中有一部分也明确属于FRBR模型，如文献的形式、目标读者群等等。尽管工作组承认存在某个词表提供了有关本质的术语，或已被使用的情况，然而FRSAD模型的重点在于关联性(FRBR中定义的文献相关性，拥有主题词一样的内涵)，《主题规范数据的功能需求(FRSAD):一种概念模型》，第10页。

界定用户群和他们的需求外，我们还要讨论主题标引政策及主题检索的应用层级，这实际上需要探究一种选择标准，来区分文献的出处、目标读者群、文献种类等等。解决这些问题所涉及的研究内容就构成了这本指南的框架，在《指南》里我们将一一解答，供各国家书目中心作参考使用。[1]

我们翻阅了之前国际图联（IFLA）的系列出版物，如《现行国家书目注释指南》（Bell，1998）或《国家书目中心初级编目规则》（Lambrecht，1992），也查看了许多国际图联（IFLA）的调研报告[2] 和其他国际研究报告[3]。

不出所料，由于主题编目领域和出版流程变化巨大，工作组的讨论一直在兜圈子。出版活动变得越来越易于实现，某些领域的印制文献呈指数增长，同时还出现一些新的出版物形式，如网络出版物。

我们逐渐意识到一件事，国家书目与国家图书馆馆藏目录变得越来越相似，尽管二者所覆盖的文献范围并不完全相同，并且各国书目的编制范式也各有不同。一方面，许多国家书目是基于该国国家图书馆的馆藏记录发展而来的。另一方面，当一些国家的国家图书馆能收藏几乎本国所有的出版物时，它们的馆藏目录就会发挥国家书目的作用。[4] 当更多的书目资源可以通过网络获取时，用户就会混淆馆藏目录和国家书目二者的概念。由此我们建议从概念上或观念上界定二者的区别，让国家书目产品能够保有其独立性和专有性。[5]

1　涉及国家书目的问题不仅限于国家书目中心，随着更多形式文献的问题出现，如音乐、电影，其他专业机构也被牵涉进来。工作组在此将国家书目中心视为一种协调性文献机构。

2　国际图联系列出版物名录，www. ifla. org/en/publications/53。

3　例如，欧洲的调查，请查阅《M22 主题检索工具报告》，http://libraries. theeuropeanlibrary. org/Portal/organisation/cooperation/archive/edlproject/downloads/edlReportsatful3. doc。

4　Vesna Injac 于 2004 年在欧洲做了一项研究，发现大多数国家图书馆都将网络版国家书目作为他们在线馆藏目录的一部分，而并不是将它们分别做成两个独立的数据库（Injac，2010）。

5　参见 Danskin 的国家书目与国家图书馆馆藏目录的关系（Žumer，2009：38）。

2002年,国家书目服务国际会议(ICNBS)曾建议:“*推行不同格式的国家书目,国家书目服务应适当采用一种或多种格式和检索点,去满足相应用户的需求。*”[1]到2005年为止,一些国家的国家书目始终处于变化中,且大量的网络文献资源显然要考虑被纳入国家出版物著录项目的范畴。许多国家开始通过网络渠道出版他们的国家书目。网络版国家书目有许多优势,例如网络检索能够实现定期更新,能在世界范围内传播且又及时。网络版国家书目还能让我们看到特殊用户的需求,能借助用户背景资料定制个性化服务满足不同需求。详细的探讨分析请参见本指南第2章“国家书目与主题检索的用户”。

国家书目中心在推进人类知识发展进程中发挥着重要作用。“*要从书目事业中获取最大的好处,就必须开放书目数据,就是让所有人都能按自己的意愿使用且重复使用书目信息。*”要遵循这一“开放书目数据原则”的精神[2],各国家书目中心就应该对公众开放他们的国家书目数据,包括所采用的受控词汇表,一概不设限制,尽最大可能给公众重复使用。

鉴于国家书目具有国际性价值,不同语言版本的书目数据(仅或目录界面)显得十分重要,并且随着多语叙词表或网络翻译工具的出现,多语言版本国家书目变得越来越可行。

众所周知,国家书目与网络书店的书目之间存在着一种竞争关系,例如,亚马逊在线目

1 国家书目服务国际会议的最终建议,www. ifla. org. VI/3/icnbs/fina. htm。

2 开放书目规则,http://openbiblio. net/principles。

录或其他网络书店的书目(Žumer,2005)。但这不应该使我们气馁,图书馆员的工作依然很有价值。重叠的业务可以使我们相互借鉴,也可以促使合作和数据交换,这样不仅可以良性地宣传自己的产品,还能不断掌握目标用户的情况和需求(通过调研)。对此我们应该回答的是,我们的工作能给国家书目增添怎样的附加值,其中哪些是值得我们传递和强调的要素。[1] 国家书目中心在著录和主题标引方面的规范性和权威性,以及产品收录的完整性就是最核心的要素。

1 书目组《指南》建议:“国家书目中心应该寻求与其利益相关者的合作机会,以求推进国家书目的发展。”(Žumer,2009:18)

Cato/Haapamäki 就是一个芬兰和瑞典出版商合作的优秀示范(Žumer,2009:103)。

1.3 本《指南》内容简介

本《指南》集中讨论了网络版国家书目,必要情况下也会涉及印制版国家书目。鉴于信息技术的发展,印制版书目显得有些过时。越来越多的国家书目中心通过网络方式来记录国内的出版物信息,我们希望能鼓励更多国家的相关部门也这样做,从而让国家书目得到更广泛的传播。[2]

2 书目组《指南》的建议:“鼓励国家书目中心运用所有技术来支持国家书目的创新和维护。”(Žumer,2009:18)

同时,本《指南》也适用于印制版书目。目前国家书目的传统版本(定期印制版)、合集版,以及过往出版物的回溯版书目产品,通常都作为单独的信息资源进行查阅。然而,《指南》也应该保留更新新书书目的功能,以便及时通报某一主题或专业领域内出版了哪些新书。

书目组的科研工作小组分析了国家书目

的用户及其使用情况，让我们深刻了解到，书目对于那些按主题查询信息的人来说是多么重要，在本《指南》第 2 章附有用户及其需求调查的模型。

工作小组审视了分类法、叙词表、主题标目语言等主题检索工具，以及它们的应用情况。标引工具特点的详细分析参见第 3 章。我们非常提倡使用主题标目和国际性分类法。这些主题分类规则能清晰界定概念以及它们之间的关系，如前文所述，它有助于实现用户导航和精确检索。运用受控的规范词(标识词)进行分类，可以保证检索词汇表的科学化、标准化与实时更新。使用国际化的、广泛被采用的分类法有利于标引共享和数据的重复利用。

主题存储、主题组织和主题检索的功能性，以及一些关于用户友好型国家书目和用户界面的设计建议参见第 4 章，但是本《指南》不会具体讨论界面设计或记录显示。[1]

我们的《指南》中绝不会建议对所有种类的文献一刀切地使用一种级别的主题检索方案，但我们确实对不同文献的检索层级问题存疑，例如，是否应该区分商业出版发行的出版物和博士论文的层级？是否应该区分印制图书和 CD 光盘的？是否应该区分虚构类小说和科技文献的？这些问题的结论都取决于多方面的因素，在第 5 章将会详细探讨。层级分得越细，成本就越高。每个国家书目中心都有各自标引文献的合理配比，并不存在一个通用的

1　相关案例参见《国际图联联机公共目录查询显示指南》，2005 年 5 月最终报告，慕尼黑：Saur 出版社，2005 年。

标准化的比例。每个国家书目中心都得根据自身的情况，找到时间与成本、检索与精确度之间的平衡。本《指南》会在进行受控主题标引的文献选择方面给出帮助。[1]

尽管如此，我们仍建议国家书目中收录的所有格式的出版物信息[2]都能够通过主题检索来获取（无论是纸质图书、音像电子出版物，还是网络出版物等产品）[3]。但我们意识到，所有的信息不可能采用相同的著录级别。详情见于《指南》第5章。

主题标引意味着可以在国家书目中持续进行主题检索。出版物的主题数据需要在出版后能够及时查询，在出版前就可供查询更好，且之后多年间还要能供未来的用户查询。值得注意的是，当前网络版国家书目产品的格式很可能无法适用于未来的数据格式，鉴于这一点，现在编制网络书目的格式需要能便于多年的检索使用。因此，出于安全保存方面的考虑，书目数据应该存为多种格式，并载入多种媒体。

考虑到未来用户会查询今天的出版物信息，今天的用户要查询以前的出版物信息，我们很容易发现，了解国家书目记录的编制方式和检索元素是多么重要。因此，我们非常推荐透明的、易获取的文献标引政策，详情见于《指南》第6章。

几乎每一次工作组会议我们都会讨论是否要在世界范围内再开展一次调研，搜集主题标引和主题检索方面的研究数据。大量努力

1　书目组的《指南》建议是："国家书目中心应该基于文献的重要性，对不同的出版物采取不同级别的编目。"（Žumer，2009：18）

2　也不限于语言或文字。

3　遵循书目组的《指南》建议："国家书目应该收录所有类型的出版物，而不是所有的出版物。不必要把穷尽性作为一个终极目标。"（Žumer，2009：18）

之余，尤其是当我们跨语种做研究时，总感觉到当发表印制成果的时候多数结论就已经过时了。因此，我们最终决定参考现有的研究、网络信息和一些国家的应用案例，来梳理多样化的应用实践。这些案例进一步呈现了不同的标引和分类级别，详情见于第 7 章的建议。

第 8 章列出工作组总结的所有建议。

2 国家书目与主题检索的用户

2.1 国家书目用户

《数字时代下的国家书目指南》(下文简称《书目指南》)介绍了不同类型的用户及其使用情况(Žumer,2009:26):

(1)终端用户

这类用户构成最为复杂,有图书馆机构用户(大用户),有远程在线查阅国家书目找寻文献的普通用户,还包括正式用户或非正式用户,以及团体用户。很多国家图书馆都发挥着研究型图书馆的作用,所提供的国家书目资料对学界的科研活动发挥着非常重要的作用。

终端用户并不永远都被视为国家书目的目标用户,但国家书目却被视为公众的重要信息资源,因为它是能让人获知本国文化遗产的重要部分。

(2)图书馆员

编目员进行套录或编目时需要国家书目作为参考辅助。在后一种情况里,他们查找类似的书目记录,甚至很可能查寻规范记录(标题名称、团体),还有主题数据。

采购图书馆员需要查询国家书目来订购出版物,查找出版社和发行商,或者确定出版物的采购现状。[1]

1 此处仅限于订购任务,而不是管理库存。有时候文献采购和馆藏开发是同一个人。

馆藏开发馆员需要国家书目来查看目前可提供的出版物有哪些，根据馆藏发展标准进行挑选，并且注意即将发行的图书（比如运用在版编目数据）。

参考咨询馆员用国家书目来帮助终端用户服务，包括图书馆赞助方、正规读者群和非正规读者群，以及团体用户。

在许多国家，基于国家书目和法定呈缴本的密切关系，样本主管都使用国家书目数据来管理法定呈缴本。

馆藏保存馆员需要用国家书目去确定出版动态走向并制订相应的保存计划。

那些负责数字化的主管们也使用国家书目来整体查看需要处理的素材有哪些。

(3)参与图书贸易的机构（包括其他媒体产品的贸易）

国家书目能帮助出版社、政府、各类官方出版机构等企业单位或事业单位来分析市场动态，竞争市场。

图书发行商（包括其他媒体产品发行商）的需求与那些负责采访和馆藏开发的图书馆员们类似。并且，发行商还能起到采访咨询图书馆员的作用，甚至可以帮助用户通过图书馆查找那些绝版的出版物。

这两种用户群都能通过国家书目来丰富自己的书目数据。

(4)政府相关部门或一些出版资助机构

出版赞助方可能会用国家书目来做出版资助项目评估，或计划未来的赞助项目。

政府有关部门拨款资助国家书目中心，会通过国家书目产品来考核书目中心的工作。

国家书目可视为反映一国出版物情况的权威官方统计数据源。

(5)版权管理机构

作品著作权集体管理组织可以用国家书目数据来支撑知识产权的管理，政府部门也可以用它来进行著作权利报酬借用的管理。

(6)软件(分布式搜索引擎和信息采集软件)

除了“自然人”用户能检索电子版国家书目外，还有计算机软件能直接获取国家书目记录，例如分布式搜索引擎和信息采集软件。这就带来了新的技术性问题，因此在计划编制网络国家书目时不得不考虑。

以上是几类国家书目的基本用户群。还有一些其他对主题检索感兴趣的用户，如术语管理者用国家书目作为专业词汇源，就不在此详述了。虽然不是所有的文本都需要主题检索，但是让各种用户都能使用主题进行查找则非常重要，在下一节会详细叙述。

2.2 国家书目主题检索的使用方式

《主题规范数据的功能需求》(Functional Requirements for Subject Authority Data，简称 FRSAD)工作小组的研究范围里，也定义了不同的用户群。通常来讲，主题规范数据的用户可能需要搜寻、识别并选取一个或多个主题实体。一位用户也可能选择去搜索某个专业主题领域和它对应的专业术语,以及主题之间存在的关联性。[1]即便主题检索限于规范数据,当仔细观察国家书目用户群和他们的需求时,我们还是轻易就能发现所有相同的使用方式。当在编目和元数据制作过程中更需要*搜索*时,一些用户也许在导航和浏览书目著录项的同时就要搜索关联性。这取决于国家书目的用户界面和功能多样化。(参见第 4 章)

(1)终端用户

终端用户在多种情况下都会查找国家书目,但最主要的是在特定主题领域里查找出版物。为了实现成功查询,书目记录必须包含描述性资源覆盖的主题信息,并提供与主题相关的检索点。研究反复证明了受控词表可以帮助用户改进他们的主题搜索。[2] 主题标目体系和叙词表已经是最常见的工具。终端用户应该能浏览规范主题信息来搜索专业术语,并针对他们的疑问来确定适合的层级。而分类法能支撑更宽或更窄的主题领域,以及不同的知识领域内的搜索。即使用户通过其他检索点或浏览方式检索到文献资源,主题信息都要始终能体现出版文献的内容、专业(学科)领域、观点等信息,这在标题和其他数据项不是很明确的时候显得尤为重要。

(2)主题编目

标引语言和主题规范记录是由国家书目中心编制的。在制作国家书目的过程中,图书馆的主题标引人员会运用这些工具来标引著

1 《主题规范数据的功能需求(FRSAD):一种概念模型》,http://www.ifla.org/files/classification-and-indexing/functional-requirements-for-subject-authority-data/frsad-final-report.pdf。

2 比如,Aitchinson,Jean 和 Alan Gilchrist 合撰的《叙词表结构》,1987 年发表于伦敦。Aslib,Soergel 和 Dagobert 合撰的《标引与检索成效:逻辑案例分析》,发表于《美国信息科学家协会杂志》1994 年第 8 期(总第 45 期),第 589-599 页。

录描述文献资源，当然这种方法也可能用于其他信息资源。这种做法很传统，即使在联合编目的情况下也依旧很重要。

(3)书目记录的再利用

书目记录的再利用包括下载或者按批量转移数据到其他数据库或其他计算机应用程序，例如欧洲研究图书馆联盟的手摇印刷图书数据库(CERL)，译文索引，图书馆馆藏目录(尤其是回溯转换)。除了给图书馆使用，这一数据转移功能可能还应用到其他领域，如给出版业的可供书目数据铺底。如果书目记录的选择标准涉及任意一种是与主题专业领域相关的，就需要用主题检索来支撑这一功能。

(4)馆藏发展

每一家图书馆都需要规划它的馆藏发展策略，以保证馆藏发展与图书馆宗旨保持一致。馆藏的主题领域建设至关重要，并且图书馆员需要能准确定位各主要类型题材的出版物。

想要有助于馆藏发展，国家书目就必须提供主题检索服务，并能够对不同类型的出版物作各种分析。负责馆藏发展的图书馆员需要使用国内和国外的国家书目来分析当前发行的出版物，并根据馆藏发展标准进行挑选。为此他们还需要注意即将出版的产品(例如使用在版编目的数据记录)。有时候馆藏发展和图书采访(采购)紧密相连。

(5)出版社分析

出版社需要针对某一特定题材的出版问

题，分析研究他们的竞争对手。国家书目需要能通过简单明晰的主题检索功能来支撑和满足他们的需求。

(6)统计

官方统计涵盖了国家出版产品的多个方面。出版物反映的主题领域可能是情报分析的核心。为此，能在宽广的主题领域里检索至关重要。

(7)资助机构

资助机构可能想要根据主题分析了解国内的出版概况，以此来评估和调整现有的资助政策并规划将来的资助政策。主题检索对此类活动也至关重要。

(8)计算机软件

当国家书目遭遇计算机软件、跨库检索、数据采集等信息技术时，书目记录中必须提供能实现主题检索的信息才行。

我们从书目组《书目指南》里摘选出总结不同用户使用国家书目所检索的条目的部分(Žumer，2009：26)，如表 2-1 所示。

表 2-1 国家书目用户及其检索方式

用户	使用方式(检索的条目)								
	作者	题名	出版社	出版日期	出版语言/出版国	种类/载体格式	主题词	标识符	目标读者
终端用户	X	X	X	X	X	X	X		
编目员	X	X		X			X①	X	
重复使用者	X	X	X	X	X	X	X		
馆藏发展馆员				X	X	X	X		X

续表 2-1

用户	使用方式(检索的条目)								
	作者	题名	出版社	出版日期	出版语言/出版国	种类/载体格式	主题词	标识符	目标读者
采购馆员	X	X		X				X	
出版社分析人员			X	X		X	X		X
统计人员				X	X	X	X		X
版权管理机构	X	X		X					
计算机软件	X	X		X			X	X	

①这份文件格外列出了编目员对主题检索的需求。“编目”在此理解为包括主题编目在内的完整编目流程。

②X 表示可以检索的条目。

2.3 审视结果

经过审视不同用户的使用情况,尽管并不详尽,但可以确认一点,主题检索对于国家书目至关重要。更详细的分析显示,不同的检索诉求需要用不同的检索方式来实现,且对检索特定层级的要求也不尽相同。多数用户可能只对当前的信息感兴趣,而还有一些用户则需要查询回溯的数据。例如,馆藏发展馆员可能需要通过非常明确的主题进行检索,而资助机构或行业统计人员就需要从更宽泛的主题类别进行检索。他们也可能需要不同的浏览功能,甚至不同的知识组织体系来实现成功检索信息,接下来的章节会详细探讨。

国家书目对用户的作用远远不只是一种

重要的参考资源，从一些国家的书目发展来看（如加拿大和德国），出版社、学术界、学生、图书从业者等群体都不同程度地参与了文献主题分析数据的生成，并最终被吸纳进国家书目，成为有机的组成部分。

3 主题检索标准与工具

工作组在此并不建议恪守某一特定的主题标引语言或方法。本《指南》更倾向于采用任何能为用户提供合适的主题检索服务的方法。我们在第7章介绍了案例，并确信像做主题标引这样的传统方法未来不会被淘汰。工作组特别建议要对新的方式保持开放的态度，并且对颇具潜力的应用软件和标引流程自动化方面保持积极的探索。但这种新科技的潜力不应该被过高估计，毕竟它对于语言的数据处理还是有限的。当我们探讨主题搜索时，实际上是在讨论语义问题。精确的检索需要稳定的语义条件来找寻相关的信息资源。在分析具体标引系统之前先提出一些一般性建议，如下：

第1条建议 **国家书目中心应该从国家的层面发展、维护和提升主题检索规则和标准，并发挥领导作用。**

第2条建议 **在选择国内标引工具方面可以考虑开展国际的合作。遵循国际标准原则，并在任何需要的地方共享和运用现有的工具。**

第3条建议 **通过语言标引和分类来实现可控型标引。**

第 4 条建议　用本国的语言文字对国家书目收录的文献材料进行检索查询。

3.1 自然语言标引与受控语言标引

第 5 条建议　让用户既可以实现规范标引，也可以实现非规范标引。

信息检索系统基于文献的主题，可以将资源检索分为两大类：

①一种是使用正文文本、题名或文摘里涵盖的词语对文献进行标引，此类称为非受控语言标引或自然语言标引。

②另一种则是通过标引员使用受控标引语言对文献进行人工标引。“*受控标引语言是一种既能表达文献主题，又能在给特定文献分配主题词的过程中实现人力可控或具执行功能的标引语言。*”(Rowley，1994)受控标引语言包括连接不同概念的语义关系，也通常使用句法规则来连接概念。可分为两个部分：

a. 前者从一种受控词汇表里直接选择著录词语来表示一本著作的主题。

b. 后者基于分类法的规则，运用记号(数字、字母或它们的组合)来系统地表达主题。

受控与非受控主题标引语言，按类别排列或字序排列，各种方式的优劣数十年来都不断被探究。(Rowley，1994)[1]

现今，“*计算机软件和在线编目软件的发展已经可以实现将不同的标引语言和方式融*

1　可参见 Fugmann，Robert《自然语言与受控语言在标引中的互补性》，析出自 90 年代《主题标引：原则与实践》，国际图联里斯本卫星会议论文集，葡萄牙，1993 年 8 月 17—18 日. 慕尼黑：Saur 出版社，1995 年，第 215-230 页。

合在一个数据库里。这种能力似乎顺应了一种共识：受控体系与非受控体系（例如关键词搜索，全文搜索）都应该为用户所用，因为它们能相互补充”（Žumer，2009：60）。它们能满足用户不同情况下的查询和差异化的检索技巧与目标，更能提供用户可以直接引入的词汇表，来辅助他们找到所需的信息。

3.2 受控标引语言的特点

一种受控标引语言一般“*包括一种词表（用于标引的词汇）和句法结构（用于词汇组合的规则）*”（Broughton，2006：210）。

一种受控标引词表（Olson and Boll，2001）具有以下功能：

- 任何一种概念只对应一个词或一种符号；
- 用规范词汇来标识同义词；
- 控制变异的拼写方式；
- 界定每一种概念的范围；
- 明确记录每一种概念的层级关系和横向关联；
- 通过运用形容词、修饰语或词组和准确术语，来明确区分同音同形词指代的不同概念。

一种基于规范目录的受控标引词表是用来帮助标引和检索的，原因包括（Olson and Boll，2001）：

• 它让标引员和检索者通过同样方式表达某种特定概念的可能性大幅增大；

• 它增大了标引员与检索者依靠连接特性(如“广义词汇”“狭义词汇”“相关词汇”)找到所需的主题的可能性；

• 它增大了不同标引者使用同一词汇的可能性，也保证了标引的持续性；

• 当检索者对还无法精确检索到所需的信息时，它可以帮助检索者锁定想法。

在一种受控标引语言中，是用操作规程(句法)来连接概念或语汇和管理概念框架的。

句法结构能够实现以下功能：

• 保持持久性；

• 实现按(主题标目的)词表浏览目录；

• 促进明确理解作品的相关性；

• 用一个可预测并易于检索的主题字符串来构建词组；

• 为在分类法里构建等级关系之外的知识组织打下基础。

受控标引语言主要的劣势是成本较高。因为用受控词汇表进行标引主要依靠人力劳动，而且构建并维护受控词汇表也很昂贵。建议使用国内其他图书馆已经采用的标引语言，或与其他国家书目中心资源共享，这样不仅能分摊成本且有利于进行跨语言主题检索。受控标引可以使检索结果更优化，比用自然语言检索更好，且还可以为用户提供智力附加值高的服务。因此它对于国家书目至关重要。Mann 在 2005 年曾指出，即使普通用户检索时丝毫不懂主题相关技巧，受控主题标目和分类法也能实现主题检索服务。

传统的主题分析在日后大规模数字化时期必然会继续存在，因为分类概念和主题标目*“能够将冗长的文本文档的主题内容浓缩成精炼短小的描述”*(Markey，2006)。

3.3 标引工具标准化的重要性

广义来讲，一种标准是指*“一个体系或一种工具，广泛适用于某一特定群体”*(Broughton，2006)，分类法就可以在世界范围内被广泛使用(参见 3.5 节)。然而，并不存在一种万能通用的主题标引标准，换句话说，并不是必须*“采用一种公开的权威性标准来为某一产品规定标准规范，或主张一定要遵循某种固定的模式”*(Broughton，2006)。有关叙词建构(参见 3.4.2 节)的国际标准、国家标准，以及“主题标目用语(SHLs)基本原则”等文件，都是旨在协助发展主题标引语言的，它们中的许多规则对于其他类型的标引语言也同样具有指导意义。

国家书目中心采用的主题标引工具就应该遵循这些标准，从统一标准化和高品质的信息工具中获取优势。

信息标准必不可少，因为它具有以下功能(Williamson，1995)：

- 达到一种认可的品质标准；

· 减少重复性劳动，降低成本；
· 确保持续性和兼容性；
· 降低检索困难；
· 教育培训信息从业者；
· 帮助克服语言障碍。

国家级的标引工具通常必不可少，因为民族语言和文化的特殊性，国家标准容易在国内推行开来，被国内图书馆广泛采用，这样可以确保数据的有效再利用。一旦采用标准，就必须遵循标准规范，并能实现多语言获取。一方面是词汇表，另一方面是语义和句法，这两种标准化工具的差异性就出现了。后者相对不那么依赖于语言文字(例如，在一种层级关系里，或在复杂主题下深层次的固定语法里)。深度分析、有效语义和句法关系都应该能体现出这些标准化规则。相反，词汇表与语言关系密切。翻译的词汇往往在一致性方面有缺陷，例如在它们对应指代的含义范围上存在差异。[1]下文要提到的标准主要是指用一种语言编制叙词表并尝试在多语言环境中推广的优秀范例。

1　例如，Koh，Gertrude Soonja Lee《韩国主题词表里转移主题标目传达的信息的例证》，2006．http://archive．ifla．org/IV/ifla72/papers/136-Koh-en．pdf．

3.4　词语标引表

第6条建议　运用一种可以覆盖所有主题和学科知识范畴的词语标引表。

词语标引表可以对内容资源进行可控型

检索。它定义了概念以及概念之间的关系来支持用户导览。

词语标引表通常包括两种:标题表和叙词表。尤其在英语里,这种区分很平常。主题标目源于图书馆卡片目录,它们为实现馆藏的通用做先组式标引所用。叙词表是在电子书目数据库刚开始的时候从标引和抽象代理而来。它们大多时候被设计用来为科技论文、报告和特殊主题领域的论文做后组式标引。事实上,这两种语言标引法的区别目前已经变得模糊。许多主题标目表已包含了一些叙词表的结构特征,例如上位词(broader terms)、下位词(narrower terms)和相关词汇(related terms)。另外,许多新的叙词表为国家书目和馆藏目录制定成了通用的标引工具。[1]

由于用户背景各不相同,搜索方式也千变万化,要制定一种能涵盖所有出版物涉及的主题领域的统一的标引语言,是非常复杂的。因此,很多专业领域多年都只使用特定的叙词表。然而,国家书目中心依然不能低估采用和维护一种涵盖所有知识领域的通用型标引法的重要性。采用一种现存的标准能有助于减少成本。

一种主题标引体系可能这两方面都包括,既含标题表又有叙词表,用于词表控制和词汇间的语义关系,以及构建主题词的句法规则。[2]

3.4.1 标题表

并没有一个建构主题标目的国际化标

1 例如,Nouvo Soggettario,由意大利国家书目采用:http://thes.bnef.firenze.sbn.it/。

2 这两个方面都可参见 Nouvo Soggettario 系统,同上。

准。通常,一种通用的标准化标题表能保证在线书目中受控词表的标准化,同时也会附带着某种操作指南。这些都是国家图书馆常用的编制书目的工具书,用于对国家出版物的标引工作。许多词表通过合作使用和机读记录中的应用,在图书馆界广泛流传使用,仅凭自身就变成了“标准”。最好的例子就是《美国国会图书馆标题表》(LCSH)在美国之外的地区被广泛采用,不是原版采用就是稍加修改后使用,具体见第 7 章国家书目中心的实践范例。

1999 年,国际图联(IFLA)分类标引组出版了文件《主题标目用语(SHLs)基本规则》,该文件旨在:

· 能促进信息国际化主题检索更加便利;

· 能通过阐述一种良性主题语言以及它所要构建的架构和应用原则,来推动标题语言(SHLs)的发展;

· 能通过识别不同主题语言深层的通用性并对它们的比较研究建立框架,来促进不同语言间的理解;

· 能对构建和采用主题标目语言的特定标准或指南提供一个基本原理。

该规则第一部分陈述了背景、定义、建构和应用规则;第二部分详细解释了每一条规则,并列举了加拿大、法国、德国、伊朗、挪威、波兰、葡萄牙、西班牙和美国的案例来分析说明。

用户理论中阐述道，“无论目标用户使用情况如何，都应该选取主题标目语言词汇来如实反映目标用户当前使用主题词的状况”。《国际编目原则声明》(ICP)也建议要选用用户熟悉的母语和文字的词汇。涉及国家书目这种需要服务多种类型的读者的产品，关键问题是目标读者群的成分太过混杂。有些词汇在公共图书馆看来可能太过学术，而对高校图书馆和专业图书馆又太过通俗。所以这种情况可能需要借助学术词汇和普通词汇的交叉引用。

3.4.2 叙词表

叙词表的标准化历史相对较长(Krooks and Lancaster 1993)。早在1967年，美国科技信息委员会就制定了第一份叙词表结构指南。20世纪70年代，联合国教科文组织(UNESCO)和国际标准组织(ISO)等国际机构首次发表了它们的指南。[1] 直到今天，该领域的主要国际权威标准文件依然是《ISO 2788:1986 文献-单语种叙词表编制规则》[2] 和《ISO 5964:1985 文献-多语种叙词表编制规则》[3]。

叙词表在国家标准层面的构建有一些显著的举措，例如英国、德国、法国、美国、芬兰等。其中最近一份是《ANSI/NISO Z39.19—2005 单语种受控词表的编制、格式与管理指南》[4] 和《BS 8723—2:2005 用于信息检索的结构性语汇. 导则. 叙词表》[5]。

最终，公布了新的国际标准的第一部分，

1 《基于信息检索的单语种科学技术术语叙词表编制规则》，巴黎，联合国教科文组织(UNESCO)，1970年;《ISO 2788:1974 单语种叙词表编制规则》，日内瓦，国际标准组织(ISO)，1974年。

2 《ISO 2788:1986 文献-单语种叙词表编制规则》，第2版，日内瓦，国际标准组织(ISO)，1986年。

3 《ISO 5964:1985 文献-多语种叙词表编制规则》，日内瓦，国际标准组织(ISO)，1985年。

4 国际信息标准组织(NISO)标准，http://www.niso.org/kst/reports/standards/。

5 《BS 8723—2:2005 用于信息检索的结构性语汇. 导则. 叙词表》，http://www.techstreet.com/standards/BS/8723_2_2005?product_id=1249195。

即《ISO 25964—1:2011 信息与存档-叙词表与其他语汇的兼容性-第一部分:叙词表用于信息检索》。这项标准是在英国国家标准的基础上,融合了之前颁布的 ISO 2788 和 ISO 5964 两项国际标准并做了相应修订发展而来的。这项标准的“第二部分:与其他语汇的兼容性”尚在审核中。[1]

2009 年,国际图联(IFLA)分类标引组发表了一份文件《多语种叙词表指南》[2]。该指南对推动多语种叙词表的发展阐述了两种方法,即:

①自下而上建立一个新的叙词表

a. 用一种语言开始,然后加入另一种语言或多种语言;

b. 多种语言同时开展。

②结合现存的叙词表

a. 将两种或更多的现存叙词表融入一种新的多语言叙词表;

b. 链接现行的叙词表和标题表。

在这两种方法中,该指南解决了多种语言叙词表构建和链接要面对的特殊问题,重点探讨了均等化和结构性问题,并且运用现行的叙词表作为案例解释了一部叙词表的所有构成元素(Landry,2009)。

标准给叙词表提供了四个基本元素——词汇、结构、呈现方式和管理。词汇相关问题包括选择词汇、范围注释、使用单数还是复数、什么样的词语能用作叙词、什么情况下用复合词、什么情况下用两个词,以及如何处理同义

1 《ISO 25964—1:2011 信息与存档-叙词表与其他语汇的兼容性-第一部分:叙词表用于信息检索》,www.iso.org/iso/catalogue_detail.htm? Csnumber = 53657。《ISO/CD 25964-2 信息与存档-叙词表与其他语汇的兼容性-第二部分:与其他语汇的兼容性》,www.iso.org/iso/catalogue _ detail.htm? Csnumber=53658。

2 《多语种叙词表指南》,2009 年国际图联在海牙出版,http://archive.ifla.org/VII/s29/pubs/Profrep115.pdf。

词、多义词和同形异义的词。结构的规则让词汇遵循语义关系而构建(以均等关系、层级关系和联合关系为主)。词汇表的呈现方式必须要使词汇及其相互关系清楚明晰,且易于获取。叙词表的管理指南通常还包括一些简短的有关编辑、评论、更新等方面的方法论。

综上所述,叙词表大多时候是一些制作在线数据库的机构用于标引科技文献或需要使用该领域特定词汇表的特殊文献。但是没有理由不让叙词表应用于在线编目和国家书目。相反,将叙词表的基本原理用于任何标引语言都是可行的。

3.4.3 先组式与后组式

先组式意为在特定系统里,标引人员在标引时对一个复合主题会组合使用标引词汇。

后组式则意为在特定系统里,只在使用检索点时,某个复合主题的多个标引词汇才汇集在一起。[1]

先组式与后组式的标引语言有三点不同(Svenonius,1995):

- 实施组配的主体;
- 进行组配的时间;
- 组配词汇的方式。

(1)先组式

①先组式的优点

- 易于浏览(能实现层级显示,高浏览能力);
- 精确度更高(提升相关排序,能表达复

1 可见于《美国国会图书馆标题表:先组式与后组式及其相关问题》,编目政策与业务支持办公室报告,2007 年 3 月 15 日,http://www.loc.gov/catdir/cpso/pre_vs_post.html。还包括 Lois Chan 的《关于〈美国国会图书馆标题表〉(LCSH)的思考》;Joudrey,Daniel N. 与 Arlene G. Taylor 的《关于〈美国国会图书馆标题表〉(LCSH)词串:一些思考》,2006 年 7 月 17 日;还有 Svenonius,Elaine 的《是否先组式:信息组织的智力基础》,剑桥,马萨诸塞州,麻省理工大学出版社,2000 年,第 188-192 页。

杂主题）；

・对系统设计更加灵活（易于浏览和进行关键词检索，能为后组式体系拆解）；

・符合语境（更能保持上下文，明确主题间的关系，去除歧义，字符串的规范秩序赋予了所用词汇意义，显示结构的一致性建议使用限定词或其他方式进行二次检索或精确检索）。

②先组式的缺点

・复杂性（标题结构规则还不能自动化，不是所有的字符串都能被自动认证识别）；

・句法不能很好地被终端用户理解；

・耗费过于昂贵（需要由训练有素的专业人员进行人工标引，且人工费用昂贵，培训人员耗时费力）；

・不够灵活（当不使用浏览时，它就变得没有价值，而且先组式还必须考虑句法结构）。

(2)后组式

①后组式的优点

・简单性（更易于人员培训）；

・标引迅速；

・词汇量更小；

・问题更少，舒适度更高（任何新的主题都无须和其他主题情景化）；

・灵活性（能在任何层面详尽标引，适应不同的搜索模式）；

・使用关键词搜索能与其他检索工具相互兼容。

②后组式的缺点

· 准确度低(会产生错误联想);

· 文脉性差(词汇间的关系不够明确);

· 不易于浏览(缺乏层级);

· 复杂主题容易产生歧义(关键词的运用使复杂的主题之间的关系不明晰)。

现今,从某种意义上来说,当个体词语以先组式主题词串进行检索时,任何先组式词语标引也能通过后组配的方式检索到,甚至可以在同一条书目记录中有不止一个词串,这样,一些后组式的优点和缺点也会作用于先组式标引了(例如检全率和检准率)。

3.5 分类法

第 7 条建议 使用一种国际分类法。

国际图联(IFLA)建议采用主题分类法来编制国家书目。分类法可以直接与主题方案相关联,也可独立成体系。

分类法在网络环境中能够辅助信息检索,尤其是能够浏览国家书目的结构,分类浏览图书馆馆藏目录,以及浏览互联网上那些按主题分类的信息网关。

使用分类法的好处在于用户能系统地概览知识,可以富有逻辑地进行主题浏览,还能在特定的主题上放大和缩小,并且不会混淆概念之间的关系。在国际化层面上,分类法在多语言检索和增进与其他服务间的互通性方面具有潜力。“*分类法能以一种语言、文化中立的方式识别概念，这种独特的潜质越来越引起人们的好感，并且由计算机系统控制会增加这种潜质带来的益处。*”(Žumer，2009:43)

为了确保高品质，分类法需要通过词汇检索获取标记，它必须借助解说词索引、常规更新来接收新的主题词，还需能支持更新版本检索的设备，尤其当标记法更改时，这些辅助方式更不能少。分类法可能是独立于任何其他的主题标目法，但是，在一部国家书目里，将分类标记法与采用的词汇标引法关联起来是可以促进在书目里检索不同观点和导航的有效方法。[1]

分类法在范围和方法上各有不同，可按地域分为国际分类法、国家分类法或某区域的本土分类法，也可按适用主题范围分为通用分类法和特殊主题分类法。在国家书目里，需要运用最通用的分类法。如果给特殊馆藏使用特定的分类法，也应该与通用的分类体系相协调。国家层面的或地区性的书目系统应该采用一个国际知名的分类法。使用什么类型的分类法，且运用到什么专业程度取决于设计时考虑服务的规模和范围。[2]

国际上通用的十进制分类法，例如《杜威十进分类法》(DDC)和《国际十进分类法》(UDC)在国家书目里被广泛使用。它们的优势包括许多前文列举的那些分类法通常具备的优点。当然，十进制分类法体系也有许多不足之处，比如知识的全部总和和一个大类下的

1 参见《〈杜威十进分类法〉(DDC)与〈美国国会图书馆标题表〉(LCSH)的映射》，http://www.oclc.org/dewey/updates/numbers/；还可参见《国家图书馆馆藏目录的多语种主题检索》，其中探讨了《国际十进分类法》(UDC)与主题标目的映射，http://archive.ifla.org/IV/ifla71/papers/044e-Balikova.pdf。

2 参见“分类法在网络资源描述和发现中的作用，信息技术研究项目 DESIRE (RE1004)工作任务 3”，http://www.ukoln.ac.uk/metadata/desire/classification/。

二级类目不一定都能划分为十个种类，如果不能以相似的方式提及所有重要的主题种类，使用起来就很困难。

3.5.1 《杜威十进分类法》[1]

(1)特点

《杜威十进分类法》(DDC)，1873 年由 Melvil Dewey 创造，并于 1876 年首次公开出版，是一部通用的知识组织工具，并随着知识的变化发展不断修订再版。

杜威分类体系通过类号组配、分类内容互译与组合、映射其他主题方案的方式来进一步延伸作用。它由国际通用的阿拉伯数字、定义明确的类目、丰满的层级结构和丰富的主题关系网络，让标记符号具备丰富的含义。

计算机联机图书馆中心(OCLC)出版了《杜威十进分类法》(DDC)的完整版和简略版。简略版在完整版的基础上，合理删减了一些标记和结构层级，只收录不超过 20000 个主题。两个版本都有纸质版本和电子版本。电子版本更新较快，且额外附有索引条目和映射的词汇表。

《杜威十进分类法》(DDC)已经被译为 30 多种语言版本。自 1988 年起，《杜威十进分类法》(DDC)的完整版和简略版的译本陆续出版，并且还有阿拉伯语、法语、德语、希腊语、希伯来语、冰岛语、印尼语、意大利语、挪威语、俄语、西班牙语、瑞典语、土耳其语和越南语等更多语言的版本在翻译出版中。《杜威分类目次

1 摘录自《杜威十进分类法》的内容简介，析出自 Melvil Dewey 的《杜威十进分类法及其相关标引(第 23 版)》，由 Joan S. Mitchell，Julianne Beall，Rebecca Green，Giles Martin 和 Michael Panzer 主编，第一辑，第 xliii-xliv，lxxi 页，版权归属联机计算机图书馆中心(OCLC)。

表》(DDC Summaries),即杜威分类法的头三级目次,已有阿非利堪斯语、阿拉伯语、汉语、捷克语、法语、德语、希伯来语、意大利语、挪威语、葡萄牙语、俄语、西班牙语、瑞典语和越南语版本了。

世界各地的翻译组、国家图书馆、国家图书馆联盟、杜威分类法用户和其他的用户纷纷给杜威分类法编辑组提出修订建议,编辑们也准备制定修订和扩展议案,并提交十进制分类编审政策委员会(Decimal Classification Editorial Policy Committee,简称 EPC)审议,等待专业反馈。

(2)信息获取途径

有关《杜威十进分类法》(DDC)的版本、功能和应用等信息可以查询杜威的官方网站 http://www. oclc. org/dewey/和官方微博 http://ddc. typepad. com/。链接杜威数据可登录网站:http://dewey. info/。目前,试用性网络服务包括 11 种语言版本的杜威分类目次表和第 14 版简略杜威分类法数据集中带有英语、意大利语和越南语文字说明的分配类号。

(3)用户

超过 138 个国家的各种类型的图书馆,都使用《杜威十进分类法》(DDC)来组织和检索他们的馆藏资源。60 多个国家的国家书目里都指定采用杜威分类号。此外,杜威分类法还被广泛应用于网络,来支持分类浏览和检索。

3.5.2 《国际十进分类法》

(1)特点[1]

《国际十进分类法》(UDC)可追溯到19世纪末期,两位比利时律师,Paul Otlet 和 Henri La Fontaine 开始了一项伟大的事业,他们打算编制一部全面系统的目录,以涵盖所有已出版印刷出版物。他们需要一个合适的目录分类,于是注意到《杜威十进分类法》(DDC)。在取得杜威先生的同意后,他们扩展了杜威的分类体系,并加入了许多综合性设计和复分表格。首部完整版十进分类法于1905年至1907年间出版。

《国际十进分类法》(UDC)是一部对文献类目细目的、具有层级结构的、综合性的分类法。分类法有系统编排的主表和复分表,来表明可能出现在所有或部分学科里的不同的概念。标记法包含阿拉伯数字和几个符号。

从诞生至20世纪80年代,《国际十进分类法》(UDC)都由国际信息和文献联合会(FID)来管理。1991年,一个新的机构——国际十进分类法联盟(UDC Consortium,简称UDCC)正式成立,由FID与荷兰、英国、法国、日本和西班牙等国的分类法出版商共同创建。目前UDCC的成员有西班牙标准化和认证协会(简称AENOR)、英国标准协会(简称BS)、比利时的CEFAL、俄罗斯科技信息研究所(VINITI)和捷克共和国国家图书馆。每个会员都拥有出版本国语言译本的《国际十进分类法》(UDC)专有权。

1 基于McIlwaine,Ia C.的《〈国际十进分类法〉(UDC):使用指南(修订版)》,海牙,国际十进分类法联盟(UDCC),2007年。

权威版本的《国际十进分类法》(UDC)是英文机读核心主文档(Master Reference File),共涵盖了68000个类目。核心主文档数据库相当于联盟(UDCC)的作业工具,也相当于出版社出版产品和提供服务所依赖的主要资源。

(2)信息获取途径

有关《国际十进分类法》(UDC)的出版物目录可查询联盟(UDCC)官方网站,网址为http://www.udcc.org/pub.htm。同时,官网上还可查看目次表,从整个架构中选取约2000个类目供读者查阅。UDC目次表是一个多语种的数据库(目前有45种语言),且会与分类法(UDC)的核心主文档保持一致。

(3)用户

《国际十进分类法》(UDC)应用于世界范围内各类机构的书目服务,包括来自130多个国家的国家书目中心、档案馆和图书馆都使用该分类法,但主要用户都集中在欧洲。目前现存版本至少有39种语言的译本。更多关于用户和版本的信息可查询网站http://www.udcc.org/use.htm。

3.5.3 《美国国会图书馆分类法》

(1)特点[1]

《美国国会图书馆分类法》(LCC)最先起源于Thomas Jefferson为自己的图书馆发明的分类体系,之后被美国国会购买。尽管这一分类体系只应用于19世纪中期国会图书馆的

1 基于Chan, Lois Mai的《〈美国国会图书馆分类法〉(LCC)的新排列:排架号之外》,华盛顿,美国国会图书馆分类服务部,2001年。

各类馆藏资源，只是把知识文献归为历史、哲学和美术（诗歌）三大类（http://www.udcc.org/use.htm.），但这种分类法还是一直沿用到 19 世纪末才废除。自 1901 年起，鉴于馆藏日益丰富且增长迅速，由主题词专家组成的工作组将国会图书馆使用的分类法发展成了一种百科全书式的现代体系的主题组织，涵盖了美国版权局登记在案的所有文献资料和从世界各地购得的文献馆藏。目前，《美国国会图书馆分类法》(LCC)包括 21 大类，41 个独立的正表和附表，并基于“文献保证”原则来扩展类别，因此在内容和术语上客观反映“文献真实”。同时还建立了一种严格的周审查制度，对独立表格进行持续的审读和维护。

1991 年至 1996 年间，所有细目表格转成了 MARC 分类格式，分类法的网络产品升级为《美国国会图书馆分类法（网络版）》，不仅涵盖了之前的分类法，也与《美国国会图书馆标题表》（LCSH）、《杜威十进分类法》（DDC）和《美国国家医学图书馆分类法》相关联。

(2)产品信息获取途径

在国会图书馆目录发行服务部的官网均可以查询纸版产品和网络版分类法：http://www.loc.gov/cds。国会图书馆网站（http://loc.gov/aba/cataloging/classification/）里可查询每周更新的目录，更为详细的类目信息可参见纸版和网络版本分类法。

(3)用户

该分类法是为特大型图书馆机构而设计

的，在美国和加拿大的学术研究型图书馆中被广泛采用，同时在其他国家的国家书目中使用，例如乌拉圭和委内瑞拉的国家书目。

3.6　自动标引

人工标引是靠编目员运用个人知识和专业技能来判定作品的内容。由于人力资源有限，持续培训和维持标引人员的高素质是非常耗时耗力的。鉴于出版产品日益增长的现实状况，使用自动化或半自动化的标引程序是合时宜的。

自动标引是指用计算机算法来实现标引，一些技术可以实现全自动标引，还有一些能实现半自动标引或机器辅助型标引。自动标引可能需要单独依靠文献中的语汇和结构，也可能基于有关用户选择或外部语义资源的信息（例如叙词表）。在后一种情况里，作为标引基准使用词汇的品质就成为自动标引结果的关键所在。[1]一些技术不顾及文献中存在的结构，例如那些基于向量空间模型的情况。其他一些技术运用了有关结构的信息，例如，近期的基于 XML 检索的技术。[2]鉴于几乎所有词汇都是标引内容的潜在标示词，这在本质上比人工标引更费劲。自动标引也可以适用于非文本资源，如图片或乐谱。

工作组明确建议，在自动化环境中也建立基于语义的标引。使用传统语义工具能提供语义结构，有助于减少信息的混淆。“*人工和*

1　有关监控自动标引过程的案例可参见 http://www.kaiec.org/。

2　Hjφrland，Birger“自动标引”参见 www.iva.dk/bh/lifeboat_ko/CONCEPTS/automatic_indexing.htm。

计算机系统都需要语义工具来为检索的信息赋予意义。”(Soergel,2009)

这些自动化标引程序的目的就是帮助检索者找寻信息,但是人们通常无法在自动化索引的信息里找到与人工标引下搜索到的相同信息(Shields,2005)。尽管如此,基于人工标引和机器自动标引的信息检索的对比研究表明,用户使用这两种不同标引信息进行检索,所获结果的信息效度不相上下(Anderson and Pérez-Carballo,2001)。计算机生成标引的主要问题是,在多数情况下准确度都太低。由于许多词都存在近义词、词汇指代的范围过宽或过窄等情况,也会导致查全率成为另一个问题。由此可定论,这些“与意义和语义关系相关的”问题都是最基本的问题。(Hjφrland,2007)

当前自动化技术主要提供一种粗略的分类方式,或者说是一种宽泛的主题类别,能为信息资源检索获取提供帮助,尤其是网络信息资源。在过去的 20 年里,开展过好几个自动标引和分类的项目[1],并取得了一些进展且正准备开展进一步的实验。网络资源呈指数型增长,致使多个行业领域都将自动化信息处理程序纳入科研攻关的首要难题。(Ardö,2009)

“*所有文档都能通过成本低廉、相对高效的计算机解析和自动标引方式进行信息处理。对于一些重要文档,人工标引可以扩大自动标引的作用,从而扩大这些文档信息的使用群体。*”(Anderson and Pérez-Carballo, 2001:

1 参见美国国家医学图书馆发起的标引项目案例,http://ii.nlm.nih.gov/semi-auto.shtml;
参见 20 世纪 90 年代隆德大学、胡弗汉顿大学、奥尔登堡大学和计算机联机图书馆中心(OCLC)联合主持的大规模自动分类系列项目,如 Koch, Vizine-Goetz 的“自动分类和网络服务的内容导航支持:DESIRE II 与联机计算机图书馆中心(OCLC)合作”;
参见 Yi,Kwan 的《运用图书馆分类法进行自动分类的挑战》, http://archive.ifla.org/IV/ifla72/papers/097-Yi-en.pdf;
参见 Moeller, G. 等人主持的《使用 UDC 进行万维网自动分类》,析出自《GfKl 论文集》,汉堡,斯普林格出版社,1999 年;
参见 Larson,Ray L. 的《美国国会图书馆分类法的自动分类试验》,析出自《美国科学信息学会杂志》,总 43 期,1992 年第 2 期,第 130-148 页;
参见 CADIAL 项目, http://www.cadial.org/index.php?。

270)如果一家国家书目中心想要将人工主题分析技能的成本发挥最佳效用，[1] 那么该中心可以决定只对部分出版文献进行人工审读。只有在选择度较高、书目信息不是很多的国家书目产品中，对所有文档进行人工处理才显得有意义。随着国家书目数据库日益增大，可以只选几种类型的文献投入人工标引。工作组在第 5 章会再次讨论这些问题。馆藏增长越快，对所有文献进行主题检索就越难，且需要做出更多的选择，很难做到一视同仁。网络资源的海量信息需要建立新的处理流程并提高传统标引的速度，计算机标引程序需要能够辅助人工标引。(Svensson and Jahns，2010)

大多数成功的自动标引应用都能够通过结合一些语义工具来实现，如主题地图，以求减少不成形语言的模糊性和计量词语的不确定性，也是为了增加语义的认知价值。

在实施复杂的人工智能处理程序之前，首先得进行自动化媒体处理，它是对作者、出版社或其他图书馆和编目员那里获取的数据进行重复使用。这些可以通过加载不同格式的结构化数据以及使用映射的方式自动实现。其次是使用自动生成的或从数字出版物中提取的元数据。并且，不同版本的知识主题数据，例如同一种作品的纸质版和网络版，能够自动从其中一种描述性记录向另一种复制。[2]

1 自动标引一点也不贵，国家书目中心必须意识到信息技术的发展与支持。

2 在一个书目记录功能需求(FRBR)类型强大的书目系统里，任何一部作品的新版本就已经被作品记录标引了。

3.7 其他主题检索工具

第8条建议 提供内容丰富的数据作为其他主题检索工具的有效补充。

增补编目被认为有助于读者找寻收集图书馆里的资料，以及理解他们获取的文献信息。近30年的时间里，图书馆员致力于网络图书馆书目记录的强化工作。对于网络版书目，这意味着将辅助整个查询过程，用户不用离开书目就可以实现搜寻，从而提高了检索效率。许多图书馆跟随网络书店的脚步，给当前的出版物增加更多的信息内容。书目主题资源之外的增补内容数据包括：

- 含义注释；
- 文摘；
- 目录；
- 内容试读；
- 其他信息，如作品评论。

编制文摘应该遵循标准规范，以保证主题检索的质量。[1] 一条文摘需要在不增加释义或评论的情况下阐明一部作品的主题内容，为读者呈现他从作品里可能获取的内容。作为一种资源进行查找，一篇文摘可提供许多词汇，但存在没有受控词汇表的缺陷。

内容目录能帮助用户理解资源记录的主题内容。国家书目中心可以从发行商、出版社、读者那里重复使用这类数据。尤其是目录信息将一种资源的标题拓展到它涵盖章节的

1 参见《ANSI/NISO Z39.14 文摘指南》，www.niso.org/kst/reports/standards?step=2&gid=None&project_key %3 Austring %3 Aiso-8859-1=5944461cb4a1e365ad1688ec6f6c199c9d90ee71。

标题，通常这些信息对揭示作品的所有主题至关重要。此外，用户需要注意的是，在数字化目录中检索属于自由文本检索。

“图书馆 2.0”的一些最重要的部分包含用户越来越多的参与性。社会标签（也称为“社会化标注”，或“社会化书签”[1]）可以作为一种协同工具，使国家书目访问用户运用自己的词汇来标引文档。[2] 用户标签能够为主题标引提供参考性的主题和词汇，或者在国家书目的框架下作为检索词汇增加进来。然而，缺乏语言控制的社会化协作标引方式应尽量避免，因为它与国家书目的权威功能和数据所需达到的品质要求相抵触。

我们可以根据信息资源的种类来决定选择使用哪种工具。例如，在检索博士论文时，只要尽可能涵盖文摘和目录，就能取得更好的结果。[3] 电子目录对识别期刊论文和会议论文也是一种有效的方式。

同时，我们也建议增加网络全文，包括免费获取电子期刊或电子书的超文本链接，有时候文献摘录或首段落的链接也可以。全文资源及其相关记录的可获取性非常有用，因为这就解决了资源获取中的所有问题。

对大多数增补数据来说，可以搜索链接的内容对改善信息检索很重要。检索点可以通过自动标引来提供。最简单的自动标引是基于为每个出现的词汇提供检索，这在自由文本或全文检索中可以充分体现出来。

全文检索能让读者通过使用词汇来描述

1 更多有关社会标签的信息可参见 Furner，Jonathan 的《图书馆资源的用户标签：一个系统评估的框架》，2007 年，http://archive.ifla.org/IV/ifla73/papers/157-Furner-en.pdf；Chan，Lois Mai 所著《社会书签与主题标引》（Landry，2011：127）；Aagaard，Herriet 所著《斯德哥尔摩公共图书馆的社会标引》（Landry，2011：143）。

2 例如加拿大图书档案馆的几个实验性项目，就充分发挥了独立用户对知识的作用（McKeen，2008）。

3 《澳大利亚国家图书馆论文编目指南》，http://www.nla.gov.au/librariesaustralia/training-support/manuals-guides/theses-guid/。

任何一个小的主题，通过运用语汇来指代任何概念，但是反过来，这也意味着即使不用特别强调，只需简单提及，任何概念就都会被调用，而且一词多义也不会被区分开来，全都进入检索结果。为了引导用户能搜索到他们需要的内容，这类模糊检索方式应明确区别于国家书目所要求的精确检索。

4 国家书目的功能与界面

4.1 国家书目的呈现方式

对于编目人员和用户来讲，主题检索是用于查询他们所感兴趣的主题文献的工具。成功的主题检索是比较复杂的，基本要依赖于标引工具，详情内容可见第3章。

国家书目的功能和呈现形式的发展是与图书馆编目紧密相连的。本章只探讨主题数据的基本问题，并不涉及任何联机公共目录查询系统(OPAC)常见的、与编目设计领域相关的其他特殊问题。尽管如此，主题检索是国家书目整体信息服务中的重要环节，这一点必须考虑到。

一个国家书目中心无论是只出版网络版书目产品，还是也出版印制版产品，为馆藏资源建立结构性主题检索都很重要。

除了书目数据检索的传统方法之外，许多国家书目中心还探索新的信息检索和传递方式。这些新型服务通常集中在研究人员和学生身上，因为他们需要在研究领域掌握最新的信息动态。

依靠国家书目的不同格式可以提供主题检索服务的空间很大，例如提供印制版、光盘版、pdf格式、网络版等多种不同格式的产品，或者能作为国家图书馆编目中带有用户标签格式的组成部分，或是一种 html 文档，或运用国际标准书目著录(ISBD)格式，等等。

许多国家拥有专门的书目数据库。还有一些国家按历史阶段进行书目积累，并且出版了回溯性书目产品。无论哪种书目产品都有特定的要求。

为了满足用户的多样性需求，建议采用不同的呈现形式、检索条件和文献层级。

第 2 章阐述了不同用户群体的需求有很大的差异。正如我们前面所提到的，用户要么想通过主题找到文献，要么想了解主题文献，或者只是挑选文献，也可能是想了解或掌握主题、书目记录、文献资源的相关信息，并且还想探索这些问题之间的联系。因此，产品功能和界面设计方面的建议需要基于不同的用户需求。

国家书目中心采用区分标引层级的策略(详情见第 5 章)会影响搜索功能的实现。层级低会降低搜索的能力。国家书目标引得越统一越持续，就越有利于通过主题来进行检索。

通过主题来建构和规范国家书目是很常见的做法，并已获得数十年的验证。它加强了网络检索的重要性，并通过超链接或分面导航来提供主题类别。

如何呈现国家书目记录的主题数据是其另一项重要特性，但在今天的网络图书馆环境下，能提供更多更有价值的服务。谷歌等检索工具在信息检索方面已经改变了用户的期望值。主题数据如今也成为建构用户自身信息环境模型的一个中介。例如,获取 RSS 反馈能给用户强有力的援助,这相当于让他们订购了一种咨询服务,不仅可以省略查询步骤,还定期发送咨询结果。这能让客户通过使用主题定制咨询服务获取最新的出版物讯息。

"分类和标引对我们持续发展很重要,也能让整个信息系统能通过进化的方式给用户呈现知识结构方面的收益,更能保障我们在一生的学习中获得更高品质和更有价值的体验。"(Pollitt,1997)

对于主题检索来讲,大多数新一代的目录或检索工具已经包括某种 Web2.0 的特征,例如贴标签、为用户揭示受控词汇表、增加用户词条评论,再加上提供某些强大的功能,例如分面浏览检索结果和浏览相似文献资源推荐。随着移动手机的快速发展,手机目录界面已经普遍推行开来,因此要在一个较小的界面呈现最重要的信息,就像在一个缩小的联机公共目录查询系统(OPAC)内,通过默认屏幕只呈现基本信息。

除了 Web2.0 之外,本章还会考虑有关语义网络发展的问题和一部分有关 Web3.0 发展的问题,例如语义标签和 RDF。由于全球化和互联网技术的发展,兼容性和互通性因素对于基础设施的规划设计至关重要。国际图联命名空间(IFLA Name Spaces)工作小组的报告指出，需要一种引用服务，能将一名用户从编码的书目著录引至一个完整的可读著录，或至数字文献本身。“*一种基本服务可能只是返回与一个 URL 关联的 RDF/XML，而一种更高级的服务可能采用一种客户指定的抽词，例如，返回 RDF/XML 为一种特定的语言，或诸如范围注释性质的东西。*”[1]

说到数据格式，我们推荐标准化的格式，而不是通过自制解决方案来处理书目数据，也不存在专门针对主题数据的特殊技术。应该注意的是，语义网络数据模型，如简单知识组织系统（Simple Knowledge Organization System，SKOS），提供了分享和链接主题标目和分类法的模式。[2]

4.2 一般性建议

国家书目中的主题检索包括三个方面：通过主题分类的数据显示，文档主题的信息，主题搜索的能力。

以下对国家书目的功能和界面提出几点建议，同样适用于印制版、网络版，以及书目数据库。

第 9 条建议　根据主题排列国家书目，按大类排或分类法中主类目排。

运用潜在的知识结构，将类似的资源聚类，能帮助用户更便捷地找到相关的出版物，

1　国际图联命名空间（IFLA Name Spaces）工作小组报告，2010 年 3 月，http://www.ifla.org/files/classification-and-indexing/ifla-namespaces-requirements-options-report_corrected.pdf。

2　SKOS 简单知识组织系统参考，W3C 建议，2009 年 8 月 18 日，http://www.w3.org/TR/skos-reference/。

也有助于用户选择相应领域特殊的数据集。

第 10 条建议　在书目记录里呈现主题标目和类号。

这相当于给用户一把钥匙，帮助他们去了解关于文献的内容，评估资源的相关度。这是做进一步主题检索的起点。

第 11 条建议　提供完整的、易用的主题检索功能。

标引里涵盖的和隐含的所有知识都应该对用户开放。在印制书目里，这可以通过主题标引来实现。对于网络书目，可以完整使用目录检索的各种功能。

后面的一些建议不是出于对国家书目中心的直接控制。检索策略和呈现形式完全基于软件系统。国家书目中心在选择编目技术时应该留意功能特点。

4.3　联机目录系统功能设计建议

在给主题检索设计一个界面之前，国家书目中心需要决定想要实现什么样的功能。以下是一个特别针对主题检索的建议列表，自然也包括通用目录功能，例如联合检索、电子内容的直接搜索、查询结果控制，以及其他问题。

(1)清楚简易地展现首选主题标目和相关词汇

如果一个用户能够搜索词汇变体，并找到首选的标目和相关词汇，那么就真正发挥了受控词汇的功能。当通过词汇搜索主题词串时，被检索的词串应该最先呈现出来，让用户能选择相关的词串，然后下一步才是让读者看到文献资源。

同时也力荐在主题下链接相应的主题文档的做法。

(2)供自然语言和关键词搜索

通过自然语言检索对用户来讲至关重要，这样系统可以通过关键词搜索来扩大可控词汇表的搜索范围。如果没有条件相符的结果，系统应该提供“相关资源”的建议，例如“您是想搜索……吗？”

(3)提供受控词汇表、分类法、本体与元叙词表

如果数据库开放受控词汇表，检索会更精确、更充分。从词汇表/标引词汇表里选择受控词汇能让用户用精确的词语检索。此外，如果检索还包括层级分明的“分类系统”，或是关系众多的“知识本体”，抑或一个“元叙词表”(前面的总和)，那么功能就会更强大。[1]对研究者来讲，如果返回的结果中带有相关的词汇及其层级关系，或相近词汇，是非常有帮助的。书目记录应该链接规范记录。

对于分类法来讲，也应该能检索获取到标记符号、标题和标引条目，还能看到类目系统，这可以对聚焦目标主题和相近主题发挥协助作用。

1 “本体论与出版用户需求”，Jabin White 于美国图书馆协会 2010 年年会 NISO/BISG 第四次年度论坛中做的演讲介绍。

(4)多语言搜索能力

国家书目是一种收藏国内所有出版物信息的文献资源,所以对国际用户来讲是了解一国出版产品的重要工具书。只有多语种检索才能满足他们的信息诉求。因此我们建议能够通过罗马字符和非罗马字符进行检索和显示,并且强烈建议映射和链接其他语言的叙词表。虚拟国际规范文档(VIAF)[1]是一种用于主题检索的非常重要的名称来源。欧洲多语言主题检索项目(MACS)就是一个用不同语言检索同一主题的典型范例。[2]

多语言检索这一挑战的关键点应该是如何为某些语言和(或)文字解决统一码的问题。

1 虚拟国际规范文档(VIAF),http://viaf.org/。

2 多语言主题检索开放论坛,https://macs.hoppie.nl。

4.4 联机目录系统界面设计建议

(1)显示首选标目和相关词汇的网络结构

在界面设计中,从各种近似词汇中显示首选标题以及它们之间的关系(例如上位词、下位词和同位词)十分重要。我们建议显示描述主题词的关系特征,如"上位词"、"范围注释"(叙词含义说明)、"特定使用"、"族首词"、"相关词汇"(Garshol,2004)。

(2)为不同颗粒度条件下的运行操作提供不同的分层接口

除了简单搜索框的默认接口之外,建议提供一层或多层级的高级检索选项,包含更精确的主题检索或用布尔逻辑二次检索。如果检索结果呈现检索资源的附加属性表,就可以进行二次检索(有时候称为“分面搜索”),这里我们建议涵盖分类标记列表和主题词表。在结果展现和查询规格上都运用知识结构层级。(参见4.5节)

(3)为用户输入提供多种功能

功能可以包括加标记、显示受控词汇表、能给一个词条或一条记录加评论、RSS反馈,以及通过主题分类创建引用等,但用户要能够区分用户输入的信息和国家书目本身的信息才行。

(4)提供多种语言文字的选项

选项功能应包括用户对目录界面的语言选择。如果用户能任意切换到想要的语言文字界面,就能更有效地进行导航。

4.5 联机目录查询建议

(1)查询选项

选项应该包括简单检索和高级检索。对主题标目进行词根检索时,通过细分的词汇更容易获取所需的信息。

(2)改进查询结果

用户要能够通过不同的限定选择来精简检索结果,例如格式、责任者、语言、种类、出版时间、出版地等。不仅如此,用户还要能通过主题、地域、时间这些主题性元素来限定,并且还要能通过分类标记选择学科。如果没有选中的结果,用户也要能使用系统推荐的词汇来改善检索策略。

4.6 前端功能设计建议

- 关于主题检索的帮助页面；
- 关于主题检索的使用说明；
- 提供主题地图/视觉显示的功能选项，揭示主题关系[1]；
- 有关主题检索的翻译软件或工具；
- 词典：提供词汇选择功能；
- 订阅主题检索 RSS 反馈。

1 此类搜索层级的案例可见于 http://www.serialssolutions.com/aquabrowser/。

5 应用方案(标引/检索层级)

第 12 条建议 对不同出版物选择主题编目层级时,要依据资源的重要程度,明确制定并公开所采用的选择标准。

一家国家书目中心若不对文献进行鉴选就全部收入国家书目[1],或者不鉴选也不标引,抑或只是初级标引,那就不仅仅是被海量信息淹没的问题了。目前,许多国家书目产品中,"*书目记录里涵盖了一些出于潜在使用目的的数据,但如果书目必须跟上国家的出版量进程,数据制作内容就必然不能过于复杂,这二者之间的矛盾已经比较明显了*"(Haddad,1999)。新的数字格式和网络资源的增长让鉴选标准更加复杂。即使国家的数字出版资源形式各样,所有的国家书目中心也都能在这里找到一种决策机制。解决方案并不是衡量该选电子资源还是该选传统资源,内容才是问题的实质,而不是倾向于哪种载体形式或在所有类型间做平衡。尽管如此,不同类型的媒体的易获性的高低,多少能说明是应该采用简单的标引还是更详细更完整的标引:如果用户通过网络就能阅读目标文献,那他们就不需要像其他出版物那么多的著录信息了。

即便如此,也不可能在此做非常严格的建

1 Žumer 2009 年发布的《数字时代下的国家书目指南》中的 Wiggins,Beacher,第 29 页。

议。提出以下标准性建议是从分析国家出版产品出发,选择那些更能有效覆盖多种文献材料的标引工具,并能依据内容重要程度为不同的文献资源制定不同的标引层级,这样每一个国家书目中心都能建立一个可持续的标引工具和层级应用方案,以最便捷的方式满足用户需求。

5.1 主题检索层级

国家书目中的书目标准非常重要,因为书目记录是要共享并再使用的。因此国家书目中心制定出多种编目层级以求对同类型资源进行统一编目处理。

国际图联(IFLA)《书目指南》中,提出了编目的四个层级——基本级、加强级、综合级和规范级,并且建议使用标准化的标引和分类机制。这些指导建议同样规定:

4.4 编目层级

[…] 未来将不可避免地采用分级编目的制度,不同类型的资源选取编目层级标准取决于以下因素:

. 资源相关联的元数据层级

. 文献资源在国家书目中的重要程度

4.4.2 资源类型和元数据层级[…] 元数据采用的层级应该取决于资源的内容,而不是格式。(Žumer,2009:48)

多国国家书目中心组建的主题检索研究工作组针对以下主题标引层级给出了建议:

第13条建议　采用两个主题标引层级：

·一个是完整级，即能够通过规范主题词和分类标记实现高级检索的标引处理；

·一个是初级，为大部分的资源提供至少一个可控主题词和(或)分类标记，必要时可以更精简。

这种二元层级方式相当于《书目指南》里描述的四个层级，从某种意义上说完全包含了加强级、综合级和规范级，并且也适用于将来其他机构要加入一些合理数据的情况，例如从内容目录等地方收集来的主题信息。因此二元层级并不是一种死规定，但所有国家书目中心都应该根据采用的工具、用户的需求、与国家利益相关的特殊领域、开放的元数据等因素，做出更明确的规定。第7章有一些国家的案例可供参考。

两个层级的所有主题词汇和分类标记都应该运用规范控制。作为主题的名称形式应该与用作检索点的描述性书目记录一样。除了这两个层级之外，应该还有一个靠关键词来实现的非控主题检索方式。如第3章和第4章已提到的，自然语言标引是受控标引的有益补充。

如果一部国家书目的不同系列产品是基于特定的信息材料而编制的，那么所做的标引可能与固定层级有所不同(例如，一系列博士论文就可以根据审查事项采用一个上位分类)。

应用方案和层级需求应该定期检查并更新。

5.2 主题检索的定级标准

在主题检索领域,最重要的考量方面是内容资源和它的信息潜力。在选择标引工具和标引层级时必须同时考虑资源和用户需求的特点。因此,国家书目中心应该在确定主题检索的层级之前就考虑这些因素。

“*由于国家书目收录各种层级的文档,所以我们的书目标准对新的出版物必须具有灵活性。*”(Parent,2008)

5.2.1 文献资料的特点

(1)主题(学科)

对于某一主题领域,一种国家政策应侧重于那些被视为能反映一国出版产品或文化的重点主题学科上。有些东西可能需要评估完整编目,例如能充分体现国家科学水平的出版产品。如果一种信息资源被认为是“*短暂信息并且对当代读者或者未来读者没什么益处*”(Žumer,2009)的,就可确定只用关键词检索和(或)上位分类标记。

(2)特殊主题

对于记录国内发生的事件、历史、政事、个人经历等信息资源(例如选举、自然灾害),就需要加强级主题标引,一边依靠馆藏资源的政策，同时发挥国家书目作为文化遗产的窗口作用。

(3)类型/内容种类(小说、诗歌……)

关于小说、音乐、诗歌等资源，不能特意限定关联性，如果和咨询类出版物做相同的主题检索会很不方便，甚至产生误导。在这种情况下，用一个“类别词汇”(genre term)来检索资源可能比一个“内容词汇”(topical term)更有效。类别词汇和内容词汇通常不被视为主题词，且有时候会做单列处理，但有些国家的编目传统上会把类别词汇和内容词汇也视为主题。

(4)语言(国内出版物/国外出版物)

语言不应该影响选定层级。如果一种信息资源处于不断增长的状态，那它的定级就应该依据内容和预期的使用情况来确定。

(5)出版年

出版年通常不应该影响层级选定，但是如果有需要，早年出版的所有种类产品都可以采用最低的层级标准。[1]

(6)文献类型/载体形式(图书、期刊、电子出版物……)

文献类型通常不应该影响标引层级，但它取决于国家书目中心要著录的文献量，所以由书目中心自行掌握。尤其是非文字格式的文献，如图片、视频、音乐声频、地图、数字化人工制品等等，同时给标引和检索工作都带来了挑战。[2]对于网络出版物来讲，例如网络信息资源或数字化文档，做最基本的标引处理较为合

1 少数国家书目中心决定不收录早期文献(通常指5年以前)编入国家书目，还有一些中心决定不对所有文献进行完整编目/标引。

2 参见2004年Hazen关于对本地社区使用的视频资源安排合适的主题检索功能的案例。

适,包括使用自动标引技术(详见3.6节)。有几家国家书目中心编制了区别于文档类型的书目系列,可能就采用了与按文档类型不同的更实际的主题检索策略(与《书目指南》提倡的原则相反的策略)。

(7)法定呈缴

法定呈缴资源可能采用任何标引层级。如果是购买的资源,那它应该至少能采用初级。

5.2.2 用户

检索层级应该依赖于不同的目标用户群。第2章阐述了国家书目的用户。一套国家书目是为各种各样的用户服务的,因此标引的层级应该取决于是否具有为广大用户群服务的资源价值(例如公益价值、研究价值等)。

如果一部国家书目针对特定用户群而生成了不同的系列资源,例如少儿系列,那么每一系列都将可以采用相应的主题检索方案。

5.2.3 其他考量因素

(1)标引工具的目的

不是每一种标引体系都会产生相同的结果。大多数主题标目体系能够比分类体系提供更精确的检索,也可以提供最新的科学术语。分类体系可以整体审视某一领域信息资源的知识结构,还必须考虑所采用的标引词汇的客观特点。

(2)现存元数据或增补内容的层级

元数据多显示于电子资源。这类数据的

再利用程度和它们的质量可以影响标引的层级。通常情况下，网络书目中应该可以获取尽可能多的主题元数据。基于元数据的具体程度，可以考虑增加手动主题检索的方案。

(3)独立组成部分

标引应该主要运用在一本本的图书、期刊和其他一些资源中。例如，含有多个组成部分的信息资源，如果是分部编目，可以分开标引，或者各部分主题不同，作为整体无法检索到，这种情况也可以单独标引。尤其像有些作品中包含相对独立的信息资源，例如一本书中的不同章节或者期刊中的不同文章都可以进行标引。[1]

1 许多国家书目也收录标引的期刊论文，例如，波兰和塞尔维亚。

(4)国家出版量

在一本国家书目中，国家文献的出版量可能影响主题检索的层级。出版量增长得越快，统一全面地处理所有文献的成本就越高。

(5)国家书目内容的范围

一些国家书目主要收录本国出版的作品(按地域原则)，还有一些也会从世界其他国家(地区)收集本国语言的作品，或本国作者创作的出版作品，甚至还收集与本国主题有关的出版物(国家原则)。另外，馆藏范围通常因文档类型不同而各有不同。只要馆藏发展政策体现了所藏资源的益处，就应该加强标引的层级。

(6)人力资源

国家书目中心能力的局限性影响着出版物的标引数量。合作编目、复制编目、自动编目或机器辅助编目都能决定标引工作的工作流程。

(7)预算

实际工作中,预算投入也会影响编目的层级,但是本《指南》认为层级的设定还是要基于客观需要。

5.3 决策矩阵

表 5-1 说明了标引层级如何依据重要性以及列出的因素分配给不同类型的信息资源。当一个以上的因素都适用时,就代表采用的层级在所有因素的适用层级中达到了一个平衡。一家国家书目中心应该提供自己的表格,明确反映在国家书目中所采用的标引层级,从而指导标引员,并确保标引工作的连贯性。

表 5-1 国家书目中不同类型和特点文献资源标引定级决策矩阵

资源的种类与特点	资源重要程度/推荐层级		
	高/完整级	中等/初级	低/非控制主题检索
小众化的主题领域	x		
短时效资讯			x
特殊主题	x		
出版年份:早期		x*	
文档类型:非文本		x*	
网络资源,收割数据资源			x
正式出版物	x		

续表 5-1

资源的种类与特点	资源重要程度/推荐层级		
	高/完整级	中等/初级	低/非控制主题检索
购买的资源	x#	x#	
替代或继任印制版信息资源	x		
据研究价值的资源	x		
专供研究的参考资料	x		
国家图书馆中将作为特殊馆藏或优先馆藏的资源①	x		
具有完整著录编目的资源	x		
用户利益:高级别,中等,低级别	x#	x#	x#
元数据:质量	x#	x#	x#

* 分类但没有主题标目,例如小说、诗歌、音乐录音产品。

在评估资源重要性方面具有决定地位或占比例的因素。

① 许多国家的国家图书馆都有"遗产性馆藏"。

6 国家书目中心的标引政策

6.1 公布标引政策的必要性

第 14 条建议　标引政策应保持清晰，通俗易懂，便于各类用户群使用。

第 15 条建议　同时公布内部使用政策和外部使用政策，并在网站上公布外部政策的本土白话文版和英语版。

标引政策用于描述如何对国家书目中不同种类的信息资源进行主题检索。它与标引工具的规则本身互为补充。

标引政策既为标引工作人员服务，也为国家书目的用户服务。标引员需要相关的政策来保持标引工作的连贯稳定，用户也需要知道怎样的主题检索方式可以获取不同类型的信息资源，所以要求政策文本尽量保持简单明了，让人阅读起来很好理解，使用起来易于操作，避免出现例外情况。同时，一项标引政策在必要资源实施、系统运行和规则方面必须切实可行，且可持续操作。

针对内部政策和外部政策的不同适用范围，应该考虑制定多个版本。例如，内部版本可能会指导标引工作人员如何处理敏感主题的信息材料。外部版本应该放在互联网上，尽可能同时采用白话文、英文或适合国家书目的目标用户的其他语言版本。如果政策会不时地做调整，那么在网络上体现之前的政策就很重要(要清楚标注出来)，因为它对体现内部意义，让数据管理能追踪到这些变化，让用户意识到不时的变化都很重要。将过去的工作实践仔细存档，也有利于老信息材料的搜寻。

6.2 标引政策内容的制定

第 16 条建议　标明采用了什么主题检索工具。

第 17 条建议　标明标引了哪些种类的信息资源。

第 18 条建议　标明采用的标引层级与适用的范围。

第 19 条建议　保持标引政策的连贯性，从而确保资源检索的一致性。

第 20 条建议　每一次做出变化时都要调整政策，且要清晰指出每条政策所适用的时段。

一项标引政策应详细说明运用了什么主题检索工具，如何使用，标引了哪些类型的资源，它的详尽程度是怎样的。它也应该包含标引操作的详细信息，适当时候还应说明主题词或类号的数量限制。如果政策随文献类型而变化，也应作出相应说明。

理想情况下，一部国家书目应该不分信息

资料的种类，对所馆藏的资源进行统一的检索。这就需要至少一个检索点能适用于所有类型的资源，且持续可用。关于不同层级检索的决策标准可详见第 5 章。相较于之前运用的体系，映射可以实现对老资料的统一检索，因为一般较老的记录都采用不同的处理方式。

时间方面的因素也很重要。理想情况下，主题检索应该随着时间的发展尽可能保持统一。它要能将不同时期出版的资源放在一起一并检索。国家书目中心应该考虑制定切实可行且能持续发挥作用的政策，当然也会有需要适当调整的情况。例如一家国家书目中心可能想要采用一种国际化的标引工具，或废除一些过时的建议。当由于过时丧失了检索的统一性时，就需要仔细衡量，政策调整后的改变是否能弥补损失。

如下每次引入变化时都要作出政策调整。简单来讲，一项标引政策应该包括的内容：

①主题检索工具

a. 使用的工具（规则组合、分类法、标题表等等）；

b. 所运用的形式（完整版或删减版，标准版或修订版，可行或必要的语言）；

c. 采用工具的方式（手动标引或自动标引，前组式或后组式等）。

②标引的详尽层级和特殊性

③不同层级的主题检索及其界定

④针对特殊种类的信息资源的专门处理方式（包括对某些信息材料非受控标引）

正如之前章节里描述的,建议国家书目中心至少能对所有标引过的信息材料提供一种粗略的类别检索方式。这可以通过采用一种国际分类法或至少在本国范围内多家图书馆共同采用的分类法来实现。这也让在国内或国际范围实现数据交换更容易,还可以概览本国某一类特定出版物的整体情况(例如科技文献的出版)。

一家国家书目中心也应该致力于实现用本国语言文字对国家书目中收录的所有信息材料提供信息检索。

7 国家书目中心主题检索实践范例

与国家书目标榜的"概念基础"论调相反的观点是认为"*它覆盖面不完整，仍存疑虑，且用户在促进事业发展或效果评估方面从来都缺乏话语权*"，并且"*一贯较为理想化的追求，目前看来都变得不切实际*"。(Hazen，2004)。然而20世纪90年代和21世纪初开展的所有现存调研[1]、当前的网站信息和一些国家书目中心主题检索服务的典型案例全都表明，一部现行的综合性国家书目在多种环境下对于不同用户群都是非常重要且实用的参考信息资源。

1 Knutsen 2001；Knutsen 2003；Heiner-Freiling 2000。

7.1 国家书目中心采用的主题检索标准与工具

所有国家书目中心都充分认识到坚持使用国际通用的主题检索标准十分重要，它能促进主题分析数据的国际化共享和在世界范围内为用户持续提供国家书目检索服务。正如前文提到的(见第3章)，也如研究显示，通常采用的都是国际化的主题检索工具，如《美国国会图书馆标题表》(LCSH)；基于LCSH的国家标准、通用分类法，如《杜威十进分类法》(DDC)或《国际十进分类法》(UDC)。还有其他分类体系，如《美国国会图书馆分类法》(LCC)；一些大纲型的分类方案，或涵盖上位类的本土分类法。

7.1.1 分类法

对于编制国家书目而言，通用的分类法的作用是能让国家书目信息中的整体智力知识可查阅。

正如第 3 章所述，只有少数通用分类法，例如《杜威十进分类法》(DDC)、《国际十进分类法》(UDC)和《美国国会图书馆分类法》(LCC)，被广泛使用。此外，还有一些国家级的通用分类方案也被采用。国际化的分类工具试图将相关联的信息资源构建出一种层级的、国际通行的知识结构，而国家级分类工具显然是达不到这一点的。但有时候国际化分类法无法满足所有的本土需求，因此在具体运用时需要做一些灵活调整，尤其是在一些关于语言、文学、历史、地理、教育和法律的主题领域。

7.1.1.1 《杜威十进分类法》及其灵活使用

《杜威十进分类法》(DDC)是最著名的，并被世界各个国家书目中心使用最广的分类法之一(详见第 3 章)。已经采用的国家有澳大利亚、奥地利、巴西、加拿大、法国、德国、冰岛、意大利、马来西亚、马尔代夫、马耳他、毛里求斯、摩洛哥、纳米比亚、新西兰、挪威、巴布亚新几内亚、新加坡、斯里兰卡、南非、瑞典、瑞士、泰国、突尼斯、英国、越南、乌干达和津巴布韦。

在一些国家里,《杜威十进分类法》(DDC)不用调整就直接被使用;而另一些国家会稍做调整,以便满足本土系统的需要。

一些国家书目中心编制国家书目时只采用最高层级的类目,而另一些中心则对所有资源使用完整的分类标记,并在书目记录中呈现出来。

以下案例展现了分类法的不同应用方式。

(1)塞浦路斯(Cyprus):塞浦路斯国家书目(Κυπριακή Βιβλιογραφία)

塞浦路斯国家图书馆每年出版的《塞浦路斯国家书目年度公报》(*Bulletin of the Cyprus Bibliography*),涵盖了本国一年的出版产品。

1999 年至 2004 年间,书目会被编排成一个单独的文档(pdf 格式);条目根据《杜威十进分类法》(DDC)第二目次表来编制(图 7-1)。

ΔΕΛΤΙΟΝ ΚΥΠΡΙΑΚΗΣ ΒΙΒΛΙΟΓΡΑΦΙΑΣ 2004

BULLETIN OF THE BIBLIOGRAPHY OF CYPRUS 2004

000 Γενικά / Generalities

1. **Dickenson, Jack, (1932-)**

Οι εξωγήινοι που κατοίκησαν στη γη = The aliens who inhabited the earth.
Λευκωσία : INA, 2004.
500 σ. ; 21 εκ.
1. Ιπτάμενα Αντικείμενα Άγνωστης Ταυτότητας

DDC 001.942
ISBN 9963-8968-0-4

CY73-04

图 7-1 按照《杜威十进分类法》(DDC)编制的塞浦路斯国家书目的完整条目记录样本(pdf 格式)带有完整类号

自 2005 年起，塞浦路斯国家书目可以在网上获取[1]，且能通过主题标目和标记来查询（从主题检索的视角看是可查询的）。如图7-2所示，扩展版《杜威十进分类法》(DDC) 标记运用于完整主题检索（不仅是出于编制的目的），同时还使用了《国际十进分类法》(UDC)、《美国国会图书馆分类法》(LCC) 和本土的分类法（图 7-3）。

1 塞浦路斯国家图书馆联机目录，http://www. cln. com. cy/opac2/cybib. html。

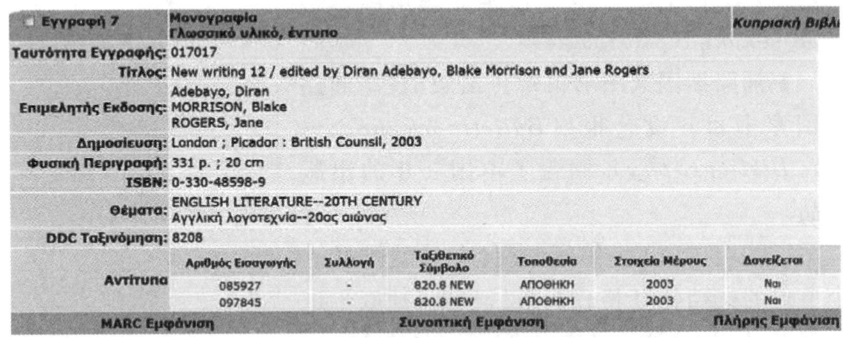

Εγγραφή 7	Μονογραφία Γλωσσικό υλικό, έντυπο	Κυπριακή Βιβλ
Ταυτότητα Εγγραφής:	017017	
Τίτλος:	New writing 12 / edited by Diran Adebayo, Blake Morrison and Jane Rogers	
Επιμελητής Εκδοσης:	Adebayo, Diran MORRISON, Blake ROGERS, Jane	
Δημοσίευση:	London ; Picador : British Counsil, 2003	
Φυσική Περιγραφή:	331 p. ; 20 cm	
ISBN:	0-330-48598-9	
Θέματα:	ENGLISH LITERATURE--20TH CENTURY Αγγλική λογοτεχνία--20ος αιώνας	
DDC Ταξινόμηση:	8208	

Αντίτυπα	Αριθμός Εισαγωγής	Συλλογή	Ταξιθετικό Σύμβολο	Τοποθεσία	Στοιχεία Μέρους	Δανείζεται
	085927	-	820.8 NEW	ΑΠΟΘΗΚΗ	2003	Ναι
	097845	-	820.8 NEW	ΑΠΟΘΗΚΗ	2003	Ναι

MARC Εμφάνιση　Συνοπτική Εμφάνιση　Πλήρης Εμφάνιση

图 7-2　塞浦路斯国家书目记录中的希腊语和英语版的《杜威十进分类法》(DDC)运用呈现和主题标目样本

图 7-3　塞浦路斯国家书目数据库采用的分类法样本

（2）摩洛哥（Morocco）：摩洛哥国家书目（Bibliographie nationale marocaine）

摩洛哥国家书目是根据《杜威十进分类法》（DDC）网络版（2007 年以后）[1] 和 pdf 版本（2007 以前）中的数百个类目编制的（图 7-4）。

1 摩洛哥国家书目（网络版），http://opac.bnrm.ma:8000/cgi-bin/gw_2011_1_2/link.pl? File=/gw_49_5F/bnRm/fr/search_screens/search_screen_bibliography_form.html&lng=fr。

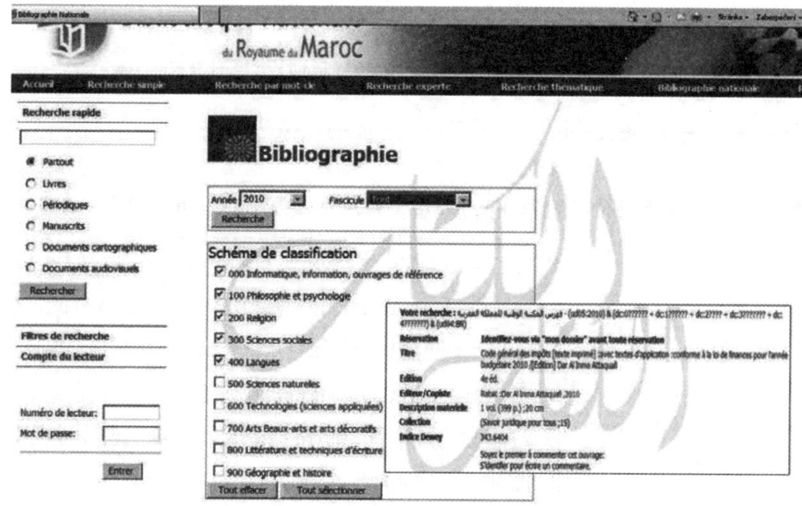

图 7-4 《杜威十进分类法》(DDC)应用于摩洛哥国家书目(网络版)的样本

（3）肯尼亚（Kenya）：肯尼亚国家书目（Kenya National Bibliography）[2]

肯尼亚国家书目条目是依据《杜威十进分类法》（DDC）（第 22 版）编制的。部分 DDC 的文献号（类目 800）稍微有所调整，以求更能适用于本土语言的小说类文献。并且 DDC 标记符号里还有本土语言的缩写名称作为扩展部分。如：896.3923Kis 指代的是斯瓦希里语小说（图 7-5）。

2 肯尼亚国家书目，http://www.marsgroupkenya.org/documents/。

KENYA NATIONAL BIBLIOGRAPHY 2010

Ksh. 2000.00

1. Geography. I. Wambugu, Stephen.

910.712 KOM
Kombo, Kikechi B.
Topics roundup for quick revision: Human geography paper 312/2 / Kikechi Kombo. - Nairobi: Jesma publishers and education boosters, 2007
vi, 240p. : ill. ; 29 cm.
Legal deposit reg. no. 2008-699
Ksh. 350.00

1. Geography- Human. I. Title.

910.712 WAM
Wambugu, Stephen
Secondary Macmillan Geography: Teacher's Book 4 / Stephen Wambugu. - New Syllabus. - Nairobi. Macmillan, 2005.
[4]; 77 p.: Maps, ill. ; 25 cm.
Legal deposit reg. no. 2007-178
ISBN 9966341056
Ksh. 150.00

1. Geography and travel – study and teaching. I. Gachangi Ferdinand. II. Kihwaga, Nancy. III. Title.

910.712 WAM
Wambugu, Stephen

图 7-5 《杜威十进分类法》(DDC)应用于肯尼亚国家书目(pdf 版本)中的样本

(4)新西兰(New Zealand):新西兰国家书目(Te Rarangi Pukapuka Matua o Aotearoa)

新西兰国家书目包含新西兰出版的版本书目记录,按月编制[1],涵盖新西兰和托克劳群岛出版的图书、期刊、报纸、音乐、地图、视频、音频、套集和图片等文献(图 7-6)。书目采用 DDC 最高两个层级的类目编制,外带两种特殊类别:新西兰文学(图 7-7)和没有采用 DDC 的文献。

(5)新加坡(Singapore):新加坡国家书目(Singapore National Bibliography)

新加坡国家书目的标引是依据《杜威十进分类法》(DDC)第二目次表来编制的,外带特殊的小说类目(图 7-8)。[2]

(6)瑞士(Switzerland):《瑞士书目》(The Swiss Book-Das Schweizer Buch-Le Livre suisse-Il Libro svizzero-Il Cudesch svizzer)

1 新西兰国家书目,http://www.natlib.govt.nz/catalogues/national-bibliography。

2 新加坡国家书目,http://snb.nl.sg/catIndex.html。

New Zealand National Bibliography

January 2011

图 7-6 《杜威十进分类法》(DDC)纲要应用于新西兰国家书目的样本

Johnston, Phyllis.
The fugitive soldier : a fifteen year old runs away to war / Phyllis Johnston. -
Auckland, N.Z. : Polygraphia, c2004. - p. cm.
Novel for young adults. - In 1917, a fifteen year old boy runs away from his family problems and joins the army, but is wounded in Belgium and returns home to sort out his future.
ISBN 1877332186 (pbk.) : $19.95
1. Family problems--Fiction. 2. Soldiers--Fiction. 3. War--Fiction. 4. Young adult fiction, New Zealand. lcsh
NZ823.2

图 7-7 《杜威十进分类法》(DDC)扩展应用于新西兰国家书目中一本新西兰小说的范本

《瑞士书目》是由瑞士国家图书馆出版的瑞士国家书目。这本书目收录了多种类型介质的瑞士出版物，有图书、地图、乐谱、电子介质与多媒体、期刊、报纸、年鉴和其他系列出版物。然而，瑞士的录音制品由位于卢加诺的瑞士国家音响资料馆负责收藏和编目。

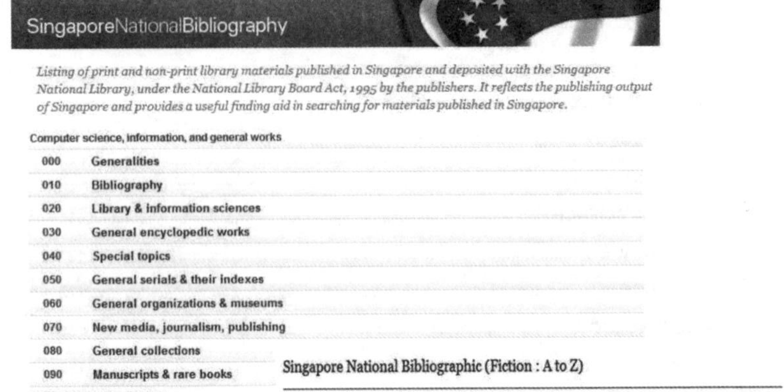

图 7-8 《杜威十进分类法》(DDC)应用于新加坡国家书目的样本

用户可以通过网络查阅在线版本《瑞士书目》Helveticat[1]（国家图书馆联机目录），也可使用 pdf 格式的静态版本。网络动态版本拥有检索功能，能通过 DDC 类目分类检索。

从 2001 年起，《瑞士书目》主要依据《杜威十进分类法》(DDC) 的 10 个主要类目及其二级细目进行分类编组。2006 年以后，二级类目主要倾向于在编制德语版国家书目中使用，如图 7-9、图 7-10 所示，整个框架结构大部分是基于 DDC 的百种细类（抑或二级类目）。只要满足用户的需要，便允许结合更深层级的细分类别，例如自然资源学科（类目 333.7）、军事科学（类目 355），或者瑞士历史（类目 949.4），分类体系在此只以编制知识为目的。

语言版本分为英语、德语、意大利语和法语版。

1 Helveticat，瑞士国家图书馆联机目录，http://helveticat.nb.admin.ch/swissbook。

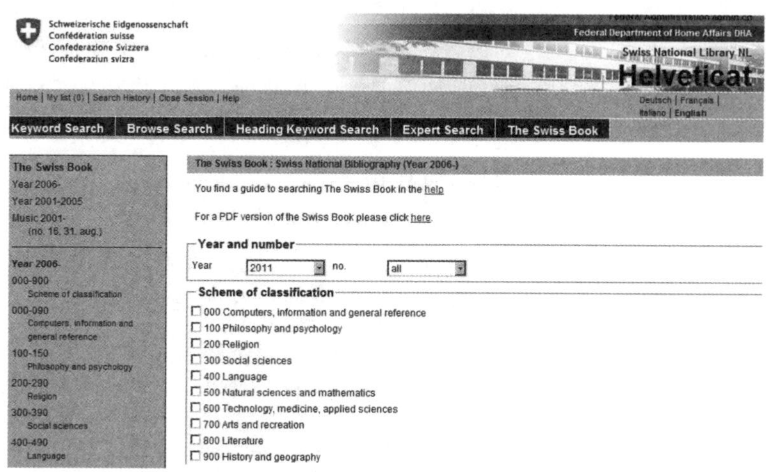

图 7-9 《瑞士书目》(网络版)中的多语种 DDC 概要

100 Das Schweizer Buch **2011/08**

130 ***Parapsychologie, Okkultismus***
Phénomènes paranormaux
Fenomeni paranormali
Fenomens paranormals
Parapsychology and occultism

64 NB 001634370
Däniken, Erich von. – Návrat bohů 2012 / Erich von Däniken. – Liberec : Dialog, 2010. – 163 S. : Ill. ; 21 cm. – (Edice Tajemstvi)

Übers. von: Götterdämmerung. – ISBN 978-80-7424-023-2

65 NB 001632394
Heller, Marlise. – Mut zum Leben in Freiheit / Marlise Heller. – Berlin : epubli GmbH, cop. 2010. – 115 S. : Ill. ; 21 cm

ISBN 978-3-86931-748-9

66 NB 001631768
Huber, Bruno. – Transformation : astrology as a spiritual path / Bruno and Louise Huber. – Knutsford : HopeWell, 2008. – VIII, 216 S. : Ill. ; 22 cm

Literaturverz. – ISBN 978-0-9547680 0 9 (brosch.) : EUR 15.-

67 NB 001636968
Krause-Zimmer, Hella. – Christian Rosenkreutz : die Inkarnationen : [sich kreuzende Lebenswege] / Hella Krause-Zimmer. – Dornach : Verlag am Goetheanum, cop. 2009. – 312 S. : Ill. ; 22

(brosch.) : CHF 53.-

73 NB 001636673
Trippolini, Giammario. – In Bildern uns wiederfinden : Leben, Freude, Entspannung durch Meditation / Giammario Trippolini. – Neuaufl. – Samedan : Ed. Il Successo - der Erfolg, G. Trippolini, 2011. – 56 S. : Ill. ; 15 x 21 cm + 1 CD-ROM (12 cm)

ISBN 978-3-9521378-8-8 : CHF 20.-

150 ***Psychologie***
Psicologia
Psychology

74 NB 001636228
Agnel, Aimé. – Jung : vášeň toho druhého / Aimé Agnel ; přeložila Svatava Kučerovà. – [Praha] : Levné knihy, 2009. – 65 S. : Ill. ; 17 cm. – (Malà moderní encyklopedie)

Reprod.: Bern : Schweizerische Nationalbibliothek, 2011. – ISBN 978-80-7309-650-2

75 NB 001633066
Anderegg, Beatrice. – Heile dein Leben, heile dich selbst : Urvertrauen finden, gelassen bleiben : stärkende Affirmationen einer Heilerin / Beatrice Anderegg. – München : Kösel, cop. 2011. – 159 S. ; 20 cm

图 7-10 运用 DDC 百种细分类目(扩展版)编制的《瑞士书目》(pdf 版本)

7.1.1.2 《国际十进分类法》(UDC)

《国际十进分类法》(UDC)是一种复杂的标引工具和检索工具。如第 3 章所提到的,

UDC 是许多国家的图书馆都采用的分类法，如阿尔巴尼亚、安道尔、波斯尼亚和黑塞哥维那、保加利亚、克罗地亚、捷克共和国、爱沙尼亚共和国、匈牙利、拉脱维亚、列支敦士登、立陶宛、马其顿共和国、马达加斯加、摩尔多瓦、黑山共和国、莫桑比克共和国、波兰、葡萄牙、罗马尼亚、塞内加尔、塞尔维亚共和国、斯洛伐克、斯洛文尼亚和西班牙等国。

一些国家书目中心只采用最高层级的类目来编制书目，还有一些中心会对所有的资源做完整的分类标记，并呈现于书目记录中。

以下是一些国家的具体应用案例。

(1)捷克(Czech Republic)捷克国家书目(Česká národní bibliografie)

捷克国家书目整合了捷克共和国出版的文献，以及在《捷克法定呈缴法》规定下由捷克国家图书馆收藏的文献。自 2009 年后，捷克国家书目作为独立的数据库产品公开出版，同时也是联机目录的组成部分。[1]《捷克国家书目资讯》(CNB news)是一本按月出版的报道图书资讯的出版物，有关其他文献的资讯(例如连续性出版文献、电子资源、实物媒体、网络出版物、图册、乐谱、地图、音频)是按季出版。月度和季度出版的目录概要都是运用《概略分类法》编制的；在捷克国家书目记录中可以看到完整版的 UDC 标记。浏览一条 UDC 索引可以同时呈现捷克语和英语版本的 UDC 标记(图 7-11)。

1　捷克国家书目，http://sigma.nkp.cz/eng/cnb。

Browse List: UDC

No. of rec.	Entry
1	321+342.5 -- státní režim / state regime
1	321 -- filozofie politiky / philosophy of politics
1	321 -- liberalismus / liberalism
1	321 -- marxismus / Marxism
1	321 -- neoliberalismus / neo-liberalism
1	321 -- politologie / political science
1	321:001.891 -- politologický výzkum / political science research
1	321:161.12 -- politické kategorie / political categories
1	321:316.275 -- behaviorismus (politologie) / behaviorism (political science)
1	321:316.42 -- teorie přechodů / transitology

图 7-11 捷克国家书目同时用捷克语和英语呈现的《国际十进分类法》(UDC)标引样本

(2)马其顿王国(Macedonia)：马其顿国家书目(Македонска библиографија)

马其顿国家书目中的词条是依据《国际十进分类法》(UDC)编制的。[1] 在书目记录中可呈现完整的分类标记(图 7-12)。

1 马其顿国家书目，http://www.nubsk.edu.mk/indev.php? Option＝com_content&task＝view&id＝15&Itemid＝29；马其顿虚拟图书馆，http://vbmk.vbm.mk/cobiss/cobiss_mk-en.htm。

МАКЕДОНСКА
БИБЛИОГРАФИЈА
1. серија МОНОГРАФСКИ ПУБЛИКАЦИИ

- 0 ОПШТО (НАУКА. ОРГАНИЗАЦИЈА. ДУХОВНИ ДЕЛНОСТИ. ЗНАЦИ И СИМБОЛИ. ДОКУМЕНТИ И ПУБЛИКАЦ
- 001 Наука и знаење општо. Организација на духовната и интелектуална работа.
- 001.893 Иноваторство.
- 004 Компјутерски науки.
- 004.4 Софтвер.
- 004.451 Оперативни системи.
- 004.7 Компјутерски мрежи. Компјутерска комуникација.
- 005 Наука за организацијата: методологија, анализа, класификац
- 011/014 Библиографии. Меѓународни библиографии. Предметни
- 016 Специјални библиографии.
- 016:929 Биобиблиографии.
- 02 Библиотекарство. Наука за библиотеките.
- 027 Општи библиотеки.
- 027.022 Општообразовни библиотеки.
- 03 Општи енциклопедии. Речници. Лексикони. Прирачници.

ISBN : 9989-113-32-7
ОСТАНАТИ НАСЛОВИ : Quantitative methods for business
УДК : 005.53:519.8(075.8), 519.8(075.8)
COBISS.MK-ID : 71349258

图 7-12 《国际十进分类法》(UDC)应用于马其顿国家书目中的样本

(3)罗马尼亚(Romania):罗马尼亚国家书目[1](Bibliografia Naţionala Română)

罗马尼亚国家书目的词条是依据《国际十进分类法》(UDC)编制的,在书目记录中有完整的分类标记(图 7-13)。

1 罗马尼亚国家书目,www. bibnat. ro/Bibliografia-nationala-s84-ro. htm。

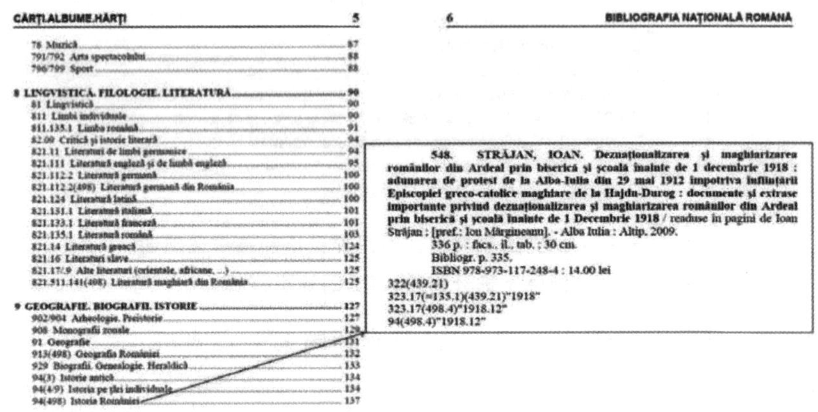

CĂRŢI.ALBUME.HĂRŢI 5

6 BIBLIOGRAFIA NAŢIONALĂ ROMÂNĂ

548. STRĂJAN, IOAN. Deznaţionalizarea şi maghiarizarea românilor din Ardeal prin biserică şi şcoală înainte de 1 decembrie 1918 : adunarea de protest de la Alba-Iulia din 29 mai 1912 împotriva înfiinţării Episcopiei greco-catolice maghiare de la Hajdu-Durog : documente şi extrase importante privind deznaţionalizarea şi maghiarizarea românilor din Ardeal prin biserică şi şcoală înainte de 1 Decembrie 1918 / readuse în pagini de Ioan Străjan ; [pref.: Ion Mărgineanu]. - Alba Iulia : Altip, 2009.
336 p. : facs., il., tab. ; 30 cm.
Bibliogr. p. 335.
ISBN 978-973-117-248-4 : 14.00 lei
322(439.21)
323.17(=135.1)(439.21)"1918"
323.17(498.4)"1918.12"
94(498.4)"1918.12"

图 7-13 罗马尼亚国家书目应用 UDC 的样本

(4)塞内加尔(Senegal):塞内加尔国家书目(Bibliographie du Sénégal)

塞内加尔国家书目是根据《国际十进分类法》(UDC)第二层级类目编制的(图 7-14)。目前,塞内加尔国家书目[2] 的书目记录还无法查阅。

2 塞内加尔国家书目,http://www. archivesdusenegal. gouv. sn/catalogue. html。

7.1.1.3 《美国国会图书馆分类法》(LCC)

纵览 20 世纪,《美国国会图书馆分类法》(LCC)被图书馆机构广泛采用,尤其是在美国和加拿大的研究型图书馆。现今,在国家书目中经常会采用 LCC,例如乌拉圭和委内瑞拉的国家书目。

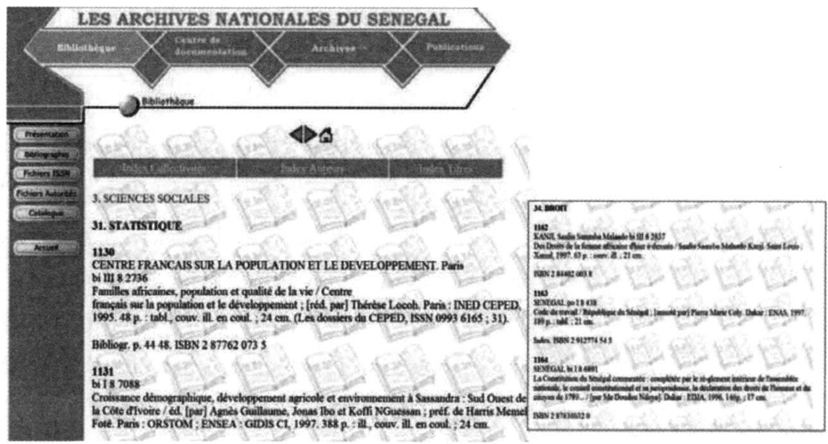

图 7-14 《国际十进分类法》(UDC)(第二层级)应用于编制塞内加尔国家书目的样本

其中,乌拉圭国家书目[1]中包含了 1990 年至 2010 年本国出版印制的图书、活页和期刊,并且是依据《美国国会图书馆分类法》(LCC)编制而成的(图 7-15)。

1 乌拉圭国家书目,http://isis.bibna.gub.uy/bibna.index.php。

bibliografía nacional

Contenido: libros, folletos y títulos de publicaciones periódicas impresos en Uruguay, desde 1990 a 2010, inclusive. También se incluyen obras publicadas en el extranjero por autores nac extranjeros referidas a nuestro país. [más información]

1 de 4 | siguiente >>

Autor:	Ardao, Arturo, 1912-2003; Liberati, Jorge, colab
Título:	Espiritualismo y positivismo en el Uruguay / prólogo Jorge Liberati
Lugar de publicación:	Montevideo
Editor:	Ministerio de Educación y Cultura
Año de publicación:	2009
Descripción física:	428 p. ; 19 cm.
Colección / Serie	Biblioteca Artigas. Colección de clásicos uruguayos ; 176
ISBN:	978-9974-36-123-2
Temas:	/POSITIVISMO-URUGUAY/ /ESPIRITUALISMO-URUGUAY/ /FILOSOFIA URUGUAYA-HISTORIA/
Clasificación:	1B1078.P7.A7.E8.2009
Colocación:	12/99.115
Inventario:	L.472.667; L.472.668

1B1078.P7.A7.E8.2009

图 7-15 《美国国会图书馆分类法》(LCC)应用在乌拉圭国家书目中的词条样本

7.1.1.4　各国家及地区的分类法介绍

(1)印度(India):《冒号分类法》(Colon Classification)

印度国家书目涵盖了在印度出版的14种主要语言的文献(阿萨姆语、孟加拉语、泰米尔语、泰卢固语、吉吉拉特语、印地语、埃纳德语、马拉雅拉姆语、马拉地语、梵语、奥里雅语、乌尔都语、英语、旁遮普语),都依据《杜威十进分类法》(DDC)进行编制;同时也使用冒号分类法,给每项词条标配类号,以便于按该分类体系编制的书目使用。

《冒号分类法》是由S. R. 阮冈纳赞编制的一部图书馆分类法,是第一部分面组配式分类法。第一版于1933年出版,自那以后又再版了6次,尤其在印度的图书馆里常被使用。如表7-1所列《冒号分类法》分42个主类,与其他字母、数字和符号组合使用来进行标记,并通过5个主要类别或分面来进一步标示出版物的门类。五大门类总体被称为PMEST,意为:个性(personality)、重要性或属性(matter or property)、能量(energy)、空间(space)和时间(time)。

表7-1　《冒号分类法》主题类目(1933年版)[1]

基本大类	
A. 科学(综合性)	G. 自然科学(综合)与生物
B. 数学	H. 地质学
C. 物理	I. 植物学
D. 工程	J. 农业
E. 化学	K. 动物学
F. 技术	L. 医药学

1　参见Hansen,Anne Marie撰写的《阮冈纳赞的〈冒号分类法〉:从历史和现代视角审视》,http://mingo.info-science.uiowa.edu/～hansen/Ranganathanpaper.pdf。

续表 7-1

基本大类	
M. 实用艺术	T. 教育
N. 美术	U. 地理
O. 文学	V. 历史
P. 文献学	W. 政治
Q. 宗教	X. 经济
R. 哲学	Y. 各类社会科学、社会学
S. 心理学	Z. 法律

(2)中国(China):《中国图书馆分类法》[1](Chinese Library Classification)

《中国图书馆分类法》(CLC)是一部在中国国内有效应用的国家级分类法,也称为中国图书馆的分类法(CCL)。图 7-16 为样本示例。

1 中国图书馆分类法,http://www.cnpot.com/tools/clc(in Chinese);《中国图书馆分类法》第五版,http://www.nlc.gov.cn/newen/nlcnews/201009/t20100902_35213.ht。

中国图书馆图书分类法(Chinese Library Classification - CLC)

A 马克思主义、列宁主义、毛泽东思想、邓小平理论

A1 马克思、恩格斯著作

A11 选集、文集

A12 单行著作

A13 书信集、日记、函电、谈话

A14 诗词

A15 手迹

A16 专题汇编

A18 语录

A2 列宁著作

图 7-16 《中国图书馆分类法》(CLC)应用于中国国家书目的样本

同时，它还应用于所有的中小学、高校和研究机构，及其他公共类图书馆。并且中国的出版社也用它来给所有图书分类。如表 7-2 所示，《中国图书馆分类法》(CLC)分 22 大类，总共涵盖了 43600 个二级类目，并且其中很多是近期才增补的，以满足国内文献快速发展的需求。

表 7-2 《中国图书馆分类法》(CLC)22 大类

A. 马克思主义、列宁主义、毛泽东思想、邓小平理论	N. 自然科学总论
B. 哲学、宗教	O. 数理科学和化学
C. 社会科学总论	P. 天文学、地球科学
D. 政治、法律	Q. 生物科学
E. 军事	R. 医药、卫生
F. 经济	S. 农业科学
G. 文化、科学、教育、体育	T. 工业技术
H. 语言、文字	U. 交通运输
I. 文学	V. 航空、航天
J. 艺术	X. 环境科学、安全科学
K. 历史、地理	Z. 综合性图书

(3)中国台湾地区[1](Taiwan)：《台湾地区图书馆分类法》(Chinese Taiwan Library Classification)

1 1997 年香港主权回归中国，1999 年澳门主权回归，作为中华人民共和国特别行政区，它们都拥有一定的自主权。因此，中国国家书目暂不收录港澳出版物，以及台湾出版物。这是出于政治原因，而不是技术原因。在香港，法定呈缴本会呈缴到香港公共图书馆和一些高校图书馆。在澳门，是由澳门公共图书馆(同上)负责 ISBN 注册与法定呈缴的收藏。至于台湾出版物，是由出版品国际交换处负责代理该地区 ISBN 登记注册与法定呈缴本的收缴工作。它提供 ISBN、ISRC、CIP 服务。以上涉及的中国各地区的国家书目相关信息可以参考顾犇撰写的《国家书目之中国实践》，http://archive.ifla.org/IV/ifla72/papers/109-Gu-en.pdf。

在中国台湾地区,《台湾地区图书馆分类法》对于所有类型图书馆的编目人员来说都是一部十分重要的工具书。2001 年,台湾公共图书馆编制了修订版分类表格,来解决实际应用中的一些问题。这一版最大的特点是涵盖了许多有关计算机术语的标记,并增加了更易于检索的标引(图 7-17)。

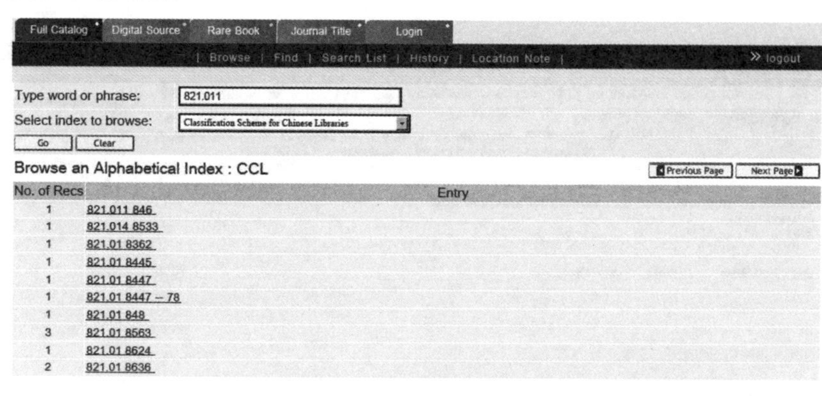

图 7-17　《中国台湾地区图书馆分类法》应用于台湾公共图书馆的样本

(4)丹麦(Denmark):《丹麦十进分类法》(第 5 版)[1](DK5,全称 Danish Decimal Classification,5th edition)

第 1 版《丹麦十进分类法》(DK1)于 1915 年编制出版,第 5 版分类法(DK5)(图 7-18)于 1969 年正式出版,之后又多次修订再版。丹麦国家图书馆一直负责分类法的内容维护和出版工作,并适当进行修订和内容补充,目前已涵盖了 3000 多个种类。

1　《丹麦十进分类法》(第 5 版),http://www.iva.dk/bh/Lifeboat _ KO/SPECIFIC%20SYSTEMS/dk5.htm。

1911 年起,《丹麦十进分类法》在第 7 版《杜威十进分类法》(DDC) 的基础上做了一些修改调整,为丹麦图书馆使用,主要满足三大需要:①丹麦公共图书馆的排架;②丹麦公共图书馆的目录系统;③丹麦国家书目的书目系统。它不仅用于丹麦学校图书馆和公共图书馆的分类排架,也用作丹麦国家书目和皇家图书馆丹麦分部的分类标准。

REX
Det Kongelige Bibliotek og Københavns Universitets Biblioteks- og Informationsservice
39
Det Kongelige Bibliotek
Alle materialer | med ordene i rækkefølge | DK5 | Tip: Brug * som wildcard

Tingenes kulturhistorie, etnologiske studier i den materielle kultur
Stoklund, Bjarne;
2003

Bestil & placering | **Detaljer** | Andre tilbud

Titel: Tingenes kulturhistorie, etnologiske studier i den materielle kultur
Udgivet: Kbh. : Museum Tusculanum
Udgivelsesår: 2003
Omfang: 232 sider : ill. (nogle i farver)
Relaterede titler: Serietitel: Etnologiske studier / 7
Forfatter: Stoklund, Bjarne
Note: Indhold: Troels-Lund og tingene : etnologiske pionerer I ; Eilert Sundt og "arbejdets naturhistorie" : etnologiske pionerer II ; Høriven som studieobjekt : et stykke kritisk faghistorie ; Gårdtyper og boligformer : om at tolke landlig byggeskik ; Læsøboerne og det daglige brød : teknologiske ændringer i et øsamfund ; Hudesko og træsko : af fodtøjets kulturhistorie ; Slettebønder og skovbønder : kulturlandskab og bondeøkonomi ; Varer som våben : industrisamfundet, nationalstaten og de store udstillinger ; Myten om folkedragten : "the invention of tradition" ; Dagbogen, almanakken og uret : symptomer på tidsdisciplinering?
Ti essays om tingenes brug og betydning i bondesamfundet og det tidlige industrisamfund
Med litteraturhenvisninger
Emnekoder: IM Europæisk etnologi, materiel kultur og håndværk; MEK Danmark; 39
39
ID nummer: 8772897953
Sprog: Dansk

图 7-18 《丹麦十进分类法》第 5 版的应用样本

(5) 日本(Japan):《日本十进分类法》[1](Nippon Decimal Classification)

《日本十进分类法》(NDC)是一部主要针

1 《日本十进分类法》(NDC), http://en.wikipedia.org/wiki/Nippon_Decimal_Classification。

对中文和日文图书的图书馆分类法，自 1929 年由日本图书馆协会编制并维护（见表 7-3、图 7-19）。

表 7-3 《日本十进分类法》(NDC)的主类目

000 总论	500 技术
100 哲学	600 产业
200 历史	700 艺术
300 社会科学	800 语言
400 自然科学	900 文学

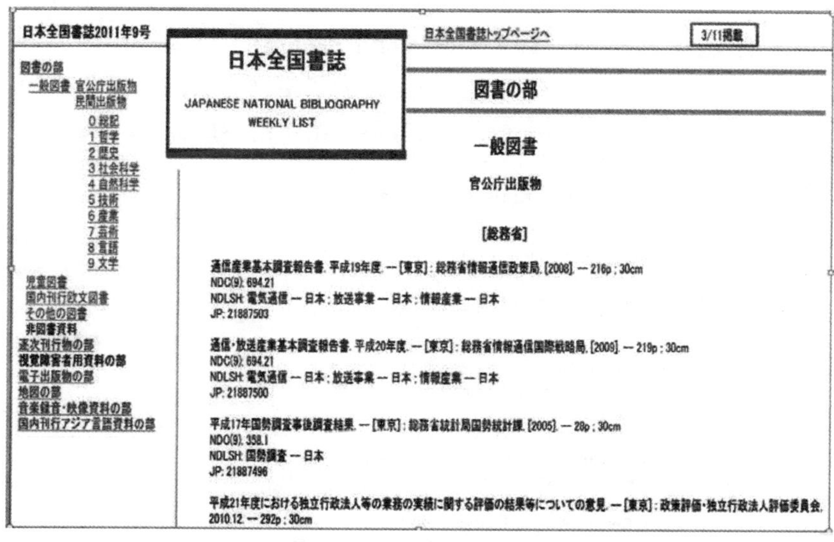

日本全国書誌2011年9号

日本全国書誌

JAPANESE NATIONAL BIBLIOGRAPHY

WEEKLY LIST

日本全国書誌トップページへ

3/11掲載

図書の部

一般図書 官公庁出版物

民間出版物

0 総記

1 哲学

2 歴史

3 社会科学

4 自然科学

5 技術

6 産業

7 芸術

8 言語

9 文学

児童図書

国内刊行欧文図書

その他の図書

非図書資料

逐次刊行物の部

視覚障害者用資料の部

電子出版物の部

地図の部

音楽録音・映像資料の部

国内刊行アジア言語資料の部

図書の部

一般図書

官公庁出版物

[総務省]

通信産業基本調査報告書. 平成19年度. -- [東京] : 総務省情報通信政策局, [2008]. -- 216p ; 30cm
NDC(9): 694.21
NDLSH: 電気通信 -- 日本 ; 放送事業 -- 日本 ; 情報産業 -- 日本
JP: 21887503

通信・放送産業基本調査報告書. 平成20年度. -- [東京] : 総務省情報通信国際戦略局, [2009]. -- 219p ; 30cm
NDC(9): 694.21
NDLSH: 電気通信 -- 日本 ; 放送事業 -- 日本 ; 情報産業 -- 日本
JP: 21887500

平成17年国勢調査事後調査結果. -- [東京] : 総務省統計局国勢統計課, [2005]. -- 28p ; 30cm
NDO(9): 358.1
NDLSH: 国勢調査 -- 日本
JP: 21887496

平成21年度における独立行政法人等の業務の実績に関する評価の結果等についての意見. -- [東京] : 政策評価・独立行政法人評価委員会, 2010.12. -- 292p ; 30cm

图 7-19 《日本十进分类法》(NDC)应用于日本国家书目的每周书单样本

(6)荷兰(Netherlands):《荷兰基本分类法》[1](Nederlandse Basisclassificatie,BC)

《荷兰基本分类法》(BC)是一种专为Pica共享目录系统[2]设计的分类法。该分类体系包含48个主要层级,分为五大学科类群,分别为:一般综合性学科、人文科学、科学、工程学和社会科学(见图7-20、图7-21)。

7.1.1.5 其他粗分类法

那些以关键词检索或按首字母排序列表为主的国家书目中心,通常会采用粗主题分类法来编制国家书目。这种类型的分类法中,有些是基于现存的分类法发展而来的,如《概略分类法》(CCS),就是基于《杜威十进分类法》(DDC)和《国际十进分类法》(UDC)编制的;还有一些分类法代表了由来已久的多样化应用,例如联合国教科文组织的主题分类。

1 Koch,Traugot等人撰写的《分类法在互联网资源著录和查找中的作用:当前检索服务采用的分类法研究》,http://www.ukoln.ac.uk/metadata/desire/classification/class_5.htm。

2 Pica是荷兰图书馆自动化中心,目前发展为OCLC Pica,是一家非营利性机构,为荷兰大多数学术图书馆、公共图书馆,以及德国等欧洲许多国家的图书馆网络提供技术系统等专业服务。

OVERZICHT HOOFDRUBRIEKEN BASISCLASSIFICATIE

01 Algemene werken
02 Wetenschap en cultuur in het algemeen
05 Communicatiewetenschap
06 Documentaire informatie
08 Filosofie

10 Geesteswetenschappen in het algemeen
11 Theologie, godsdienstwetenschappen
15 Geschiedenis
17 Algemene taal- en literatuurwetenschap
18 Taal- en letterkunde naar afzonderlijke talen
20 Kunstwetenschappen
21 Afzonderlijke kunstvormen
24 Theaterwetenschap, muziekwetenschap

30 Exacte wetenschappen in het algemeen
31 Wiskunde
33 Natuurkunde
35 Scheikunde
38 Aardwetenschappen

图7-20 《荷兰基本分类法》(BC)类目样本

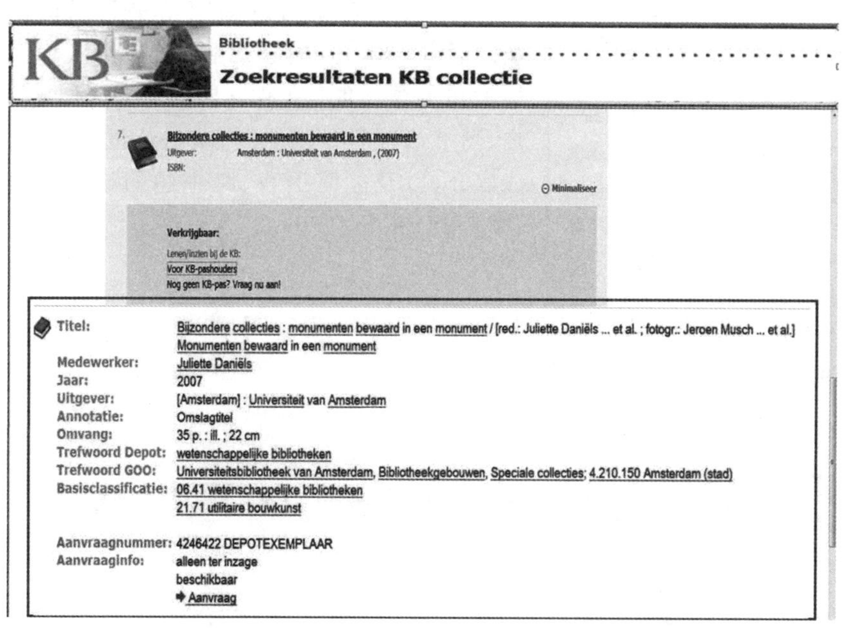

图 7-21 荷兰国家书目记录中涵盖的分类数据的样本

以下案例说明了粗分类法的应用。

(1)捷克共和国(Czech Republic):《概略分类法》(Conspectus Categorization Scheme)

《概略分类法》是一种国际分类法,为馆藏评估和重点著录提供了一种通用的框架,引自20世纪80年代,在众多研究型图书馆的联合协作中发挥着基础性作用。如今概略分类的应用不仅能支撑馆藏的协调发展,还能依据资源的内容特点加强检索功能。自2001年起,《概略分类法》(CCS)就已经被捷克所有类型的图书馆所采用,作各种用途，如开放排架和构建国家新书目录的功能。后者具体有：国家书目新书增补、信息检索和主题导航、馆藏发展与管理、主题门户、图书馆藏的专题地图、映射装置、标引生成媒介，以及能跨语言、跨主题的检索工具(图 7-22)。[1]

1 可按概略法浏览捷克国家书目数据库，http://aleph.nkp.cz/F/T5DVSM3S2SNA2BPUJD95X9CVTMDF9KEQRC19C2EV4CRK15BXD4－51020? Func＝scan&scan_code＝SK&scan_start＝&x＝6&y＝7；捷克国家图书馆馆藏概略主题地图，http://sigma.nkp.cz/F/? Func＝file&file_name＝konsp－nkc&con_Ing＝eng。

National Library of the Czech Republic - Topic Map of Library Collections

- 1 - Antropology
- 2 - Biological sciences
- 3 - Performing arts
- 4 - Business and economics
- 5 - Philosophy and religion
- 6 - Physical sciences
- 7 - Geography and earth sciences
- 8 - History and auxiliary sciences
- 9 - Music
- 10 - Chemistry
- 11 - Language, linguistics and literary studies
- 12 - Library science, science, generalities and references
- 13 - Mathematics
- 14 - Medicine
- 15 - Political science
- 16 - Law
- 17 - Psychology
- 18 - Sociology
- 19 - Engineering and technology
- 20 - Physical education and recreation
- 21 - Art and architecture
- 22 - Education
- 23 - Computer sciences
- 24 - Agriculture
- 25 - Fiction, drama, poetry
- 26 - Children's and juvenile literature

图 7-22 按《概略分类法》编制的捷克国家书目月度概览样本

(2)比利时(Belgium):《联合国教科文组织分类法》[2](UNESCO Categories)

比利时国家书目的每周书单和每月书单是依据《联合国教科文组织分类法》编制的，包含 33 个大类，如图 7-23 所示。

2 联合国教科文组织非期刊类出版物(图书与手册)统计，1961 年，http://unesdoc.unesco.org/Ulis/cgi-bin/ulis.pl? catno＝178152&set＝4940FD33_2_304&gp＝0&lin＝1。

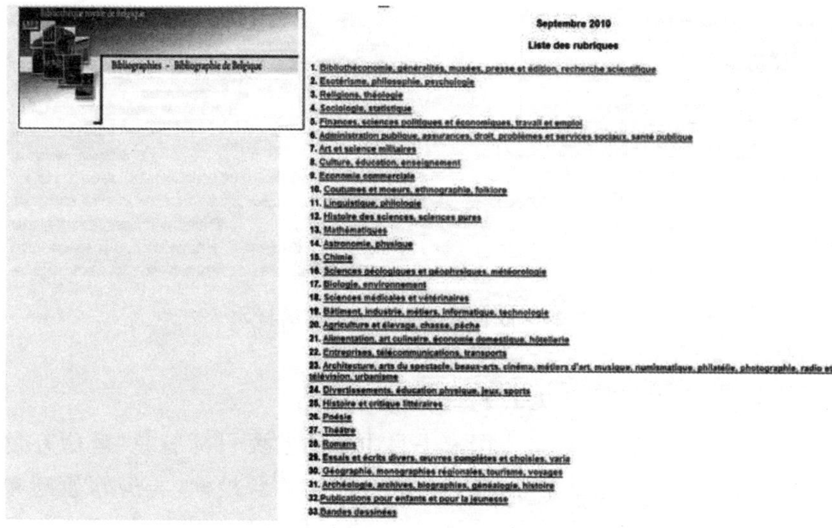

图 7-23 UNESCO 分类法应用于比利时国家书目的样本

(3)以色列[1](Israel):《基列西弗》(Qiryat Sefer)主题分类

《基列西弗》(Qiryat Sefer)是以色列的国家书目,是犹太人民专用的书目("基列西弗"为音译,意为文字之城),旨在记录以色列出版的所有出版物,包括所有语言版本和所有题材。样本藏于以色列国家图书馆,它是犹太人的国家图书馆,也是一所高校图书馆。每一条书目可以通过常规的主题分类记录进行检索,还可以依据国家书目唯一适用的主题大类来搜寻。每一类的主标目都是希伯来语,并附有英语翻译(图 7-24)。数据库可以支持两种语言的检索查询。

必要时,基本的书目记录都会增补额外的注释内容。

1 以色列国家图书馆联机目录,http://aleph518.huji.ac.il/F/? func=file&file_name=library-info-more&local_base=nnlqrs&con_lng=eng。

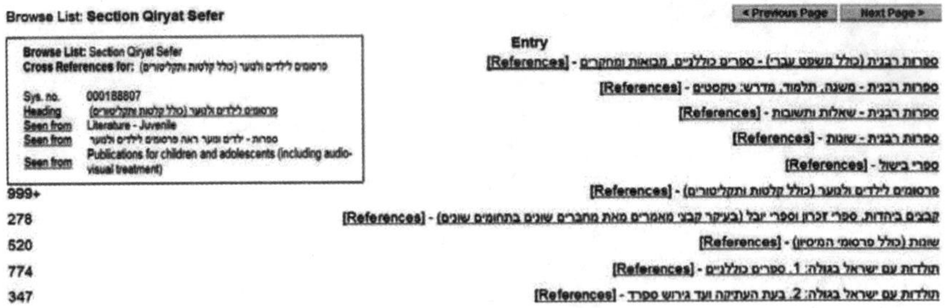

Browse List: **Section Qiryat Sefer**

< Previous Page　Next Page >

Browse List: Section Qiryat Sefer
Cross References for: פרסומים לילדים ולנוער (כולל קלטות ותקליטורים)

Sys. no. 000188807
Heading פרסומים לילדים ולנוער (כולל קלטות ותקליטורים)
Seen from Literature - Juvenile
Seen from ספרות - ילדים ונוער ראה פרסומים לילדים ולנוער
Seen from Publications for children and adolescents (including audio-visual treatment)

Entry

ספרות רבנית (כולל משפט עברי) - ספרים כוללניים, מבואות ומחקרים - [References]
ספרות רבנית - משנה, תלמוד, מדרש: טקסטים - [References]
ספרות רבנית - שאלות ותשובות - [References]
ספרות רבנית - שונות - [References]
ספרי בישול - [References]
999+　פרסומים לילדים ולנוער (כולל קלטות ותקליטורים) - [References]
278　קבצים ביהדות, ספרי זכרון וספרי יובל (בעיקר קבצי מאמרים מאת מחברים שונים בתחומים שונים) - [References]
520　שונות (כולל פרסומי המיסיון) - [References]
774　תולדות עם ישראל בגולה: 1. ספרים כוללניים - [References]
347　תולדות עם ישראל בגולה: 2. בעת העתיקה ועד גירוש ספרד - [References]

图 7-24　以色列国家书目编纂的样本

7.1.2　词语标引法

国家书目中心的主要目标就是“*运用有效的信息工具进行语言主题检索，与国际原则和标准接轨，从而应对呈指数增长的海量网络信息并从中获取信息资源，以满足新一代用户的需求*”(Lucarelli，2009)。

如果没有标准化的检索点，例如如果没有书目规范控制，就不能在国家书目里进行有效的主题检索。主题词汇应该遵循自然语言的表达。主题标目也应该使用与人工语言同样的符号，例如在分类法里使用的符号。

少数的实用案例表明了语言标引的不同使用方式。

7.1.2.1　《美国国会图书馆标题表》(LCSH)及其灵活使用

正如第 3 章所述，《美国国会图书馆标题表》(LCSH)在美国以外的国家书目中心被深度应用，尤其是那些英语国家。即使一家国家书目中心在通告里说采用了一种 LCSH 的翻译版本或者修改版本作为主要的主题标目系统，那它也应该强调一点，即不进行任何调整就采用一种国际化标准是十分困难的，原因如下：

·受控语言主题词汇表是基于国家语言并通过国家语言表达出来的；

·主题检索应该具备更深层次的使用场景，或更广泛地作用于国家内容和本土内容（例如能体现本土或国家文化价值的，以及对本土和国家人民重要的内容）。

LCSH虽然是一种英语国家广泛使用的文献标准，但是许多英语国家（或官方语言包括英语的国家）往往会出修订版或扩展版，以满足本国用户的具体要求和检索标准。

（1）澳大利亚（Australia）：澳大利亚国家书目数据库[1]（Australian National Bibliographic Database，简称ANBD）；澳大利亚主题检索项目[2]（Australian Subject Access Project）

在澳大利亚，最通用的主题编目标准就是《美国国会图书馆标题表》（LCSH）。澳大利亚图书馆界基本没有偏离LCSH的主线，除了一些特别需要满足本土需求的方面。澳大利亚国家图书馆对LCSH做了相应的延伸，具体包括额外增加的澳大利亚主题标目和一些在本国图书馆界使用过的一些规范参考标记。

多年来，澳大利亚的图书馆员和图书馆用户在使用《美国国会图书馆标题表》（LCSH）时都受到一些局限，要么是LCSH无法描述那些澳大利亚独有的主题出版物，要么一些词汇放在澳大利亚国情下就不合适了。因此一项有关澳大利亚主题检索的项目应运而生，这些项目

1 澳大利亚国家图书馆主题分类与标引，http://www.nla.gov.au/services/standards.html#SubjectCat。

2 澳大利亚主题检索项目，http://www.nla.gov.au/librariesaustralia/slash.html。

由澳大利亚国家图书馆国家书目数据库(ANBD)部门主持开展,目的是尽可能推广澳大利亚主题词的在线使用,扩大影响力(图 7-25)。

List Of Approved Headings

Acacia harpophylla	(May Subd Geog)
Amusement arcades	(May Subd Geog)
Approved deposit funds	(May Subd Geog)
Banksia integrifolia	(May Subd Geog)
Blue tongued lizards	(May Subd Geog)
Body corporate	(May Subd Geog)
Brownies (Girl Guides)	(May Subd Geog)
Collusive tendering	(May Subd Geog)
Community broadcasting	(May Subd Geog)

图 7-25 澳大利亚国家书目数据库(ANBD)项目中已通过的主题标目表[1]

(2)加拿大(Canada):《加拿大书目》(Canadiana);加拿大国家图书档案馆主题标目政策[2](Library and Archives Canada Subject Headings Policy)

《加拿大书目》(Canadiana)记录描述了加拿大出版的多种出版物,或者在其他地方出版但对国家有特殊意义或国人感兴趣的出版物;它对收录的每项产品都制作了标准的主题目录信息。目录语言包括英语和法语。

加拿大国家图书档案馆采用《美国国会图书馆标题表》(LCSH),针对《加拿大书目》中的完整层级信息的产品进行编目。具体参见7.2节。

为了满足加拿大所有用户的需求,还编制了《加拿大标题表》(CSH)[3],旨在对 LCSH 进行有效补充。《加拿大标题表》主要聚焦加拿大的文化、经济、历史、文学、政治和社会领域,

1 澳大利亚对 LCSH 的延伸调整,http://www.nla.gov.au/librariesaustralia/services/cataloguing/standards/lcsh-extension/.

2 加拿大国家图书档案馆主题标目政策,http://www.collectionscanada.gc.ca/cataloguing-standards/040006-2209-e.html。

3 加拿大标题表,www.collectionscanada.gc.ca/csh/index-e.html,www.slais.ubc.ca/courses/libr517/04-05-wt2/projects/csh/csh.htm。

其他的主题领域的词汇较少，在大类和二级类目上遵循的原则和政策与 LCSH 相仿（除了少数必要的例外情况），便于整合两个词表。CSH 的主题标目只有英语版本的，但在拉瓦尔大学图书馆出版的《拉瓦尔主题词表》（RVM）中含有法语版本。RVM 也包含几乎所有的 LCSH 主题词（图 7-26）。

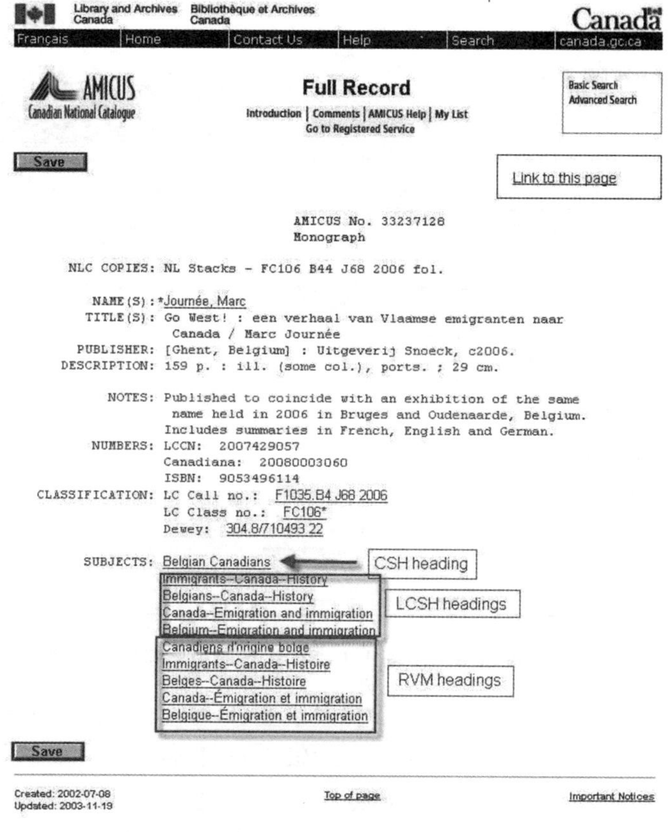

Library and Archives Canada | Bibliothèque et Archives Canada | Canada

Français | Home | Contact Us | Help | Search | canada.gc.ca

AMICUS Canadian National Catalogue

Full Record

Introduction | Comments | AMICUS Help | My List
Go to Registered Service

Basic Search
Advanced Search

Save

Link to this page

AMICUS No. 33237128
Monograph

NLC COPIES: NL Stacks - FC106 B44 J68 2006 fol.

NAME(S): *Journée, Marc
TITLE(S): Go West! : een verhaal van Vlaamse emigranten naar Canada / Marc Journée
PUBLISHER: [Ghent, Belgium] : Uitgeverij Snoeck, c2006.
DESCRIPTION: 159 p. : ill. (some col.), ports. ; 29 cm.

NOTES: Published to coincide with an exhibition of the same name held in 2006 in Bruges and Oudenaarde, Belgium.
Includes summaries in French, English and German.
NUMBERS: LCCN: 2007429057
Canadiana: 20080003060
ISBN: 9053496114
CLASSIFICATION: LC Call no.: F1035.B4 J68 2006
LC Class no.: FC106*
Dewey: 304.8/710493 22

SUBJECTS: Belgian Canadians ← CSH heading
Immigrants--Canada--History
Belgians--Canada--History
Canada--Emigration and immigration
Belgium--Emigration and immigration
(LCSH headings)
Canadiens d'origine belge
Immigrants--Canada--Histoire
Belges--Canada--Histoire
Canada--Émigration et immigration
Belgique--Émigration et immigration
(RVM headings)

Save

Created: 2002-07-08
Updated: 2003-11-19
Top of page
Important Notices

图 7-26 加拿大国家书目中的主题标目样本（英语词是 LCSH/CSH 的主题标目样本，法语词是 RVM 的样本）

(3)智利(Chile):智利书目(Bibliografía Chilena)

智利国家书目的网络版[1] 整合了印制版著作、电子资源和多媒体资源的呈缴本记录,样本由国家图书馆收藏。在国家书目记录中运用的主题标目是基于《美国国会图书馆标题表》(LCSH)(图 7-27)。

1 智利书目,http://www.bncatalogo.cl/F/? Func = find-b-0&local_base=BCH。

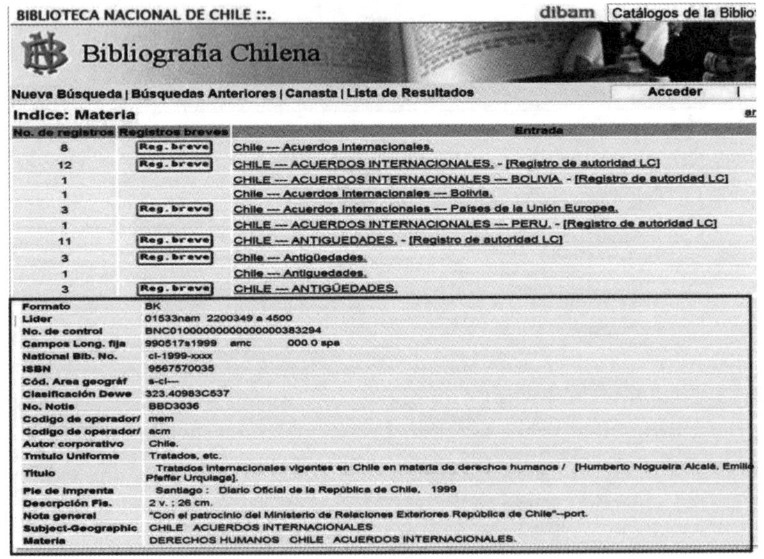
BIBLIOTECA NACIONAL DE CHILE ::. dibam Catálogos de la Biblio

Bibliografía Chilena

Nueva Búsqueda | Búsquedas Anteriores | Canasta | Lista de Resultados Acceder

Indice: Materia

No. de registros	Registros breves	Entrada
8	Reg. breve	Chile --- Acuerdos internacionales.
12	Reg. breve	CHILE --- ACUERDOS INTERNACIONALES. - [Registro de autoridad LC]
1		CHILE --- ACUERDOS INTERNACIONALES --- BOLIVIA. - [Registro de autoridad LC]
1		Chile --- Acuerdos internacionales --- Bolivia.
3	Reg. breve	Chile --- Acuerdos internacionales --- Paises de la Unión Europea.
1		CHILE --- ACUERDOS INTERNACIONALES --- PERU. - [Registro de autoridad LC]
11	Reg. breve	CHILE --- ANTIGUEDADES. - [Registro de autoridad LC]
3	Reg. breve	Chile --- Antigüedades.
1		Chile --- Antiguedades.
3	Reg. breve	CHILE --- ANTIGÜEDADES.

Formato	BK
Lider	01533nam 2200349 a 4500
No. de control	BNC01000000000000000383294
Campos Long. fija	990517s1999 amc 000 0 spa
National Bib. No.	cl-1999-xxxx
ISBN	9567570035
Cód. Area geográf	s-cl---
Clasificación Dewe	323.40983C537
No. Notis	BBD3036
Codigo de operador/	mem
Codigo de operador/	acm
Autor corporativo	Chile.
Tmtulo Uniforme	Tratados, etc.
Titulo	Tratados internacionales vigentes en Chile en materia de derechos humanos / [Humberto Nogueira Alcalá, Emilio Pfeffer Urquiaga].
Pie de imprenta	Santiago : Diario Oficial de la República de Chile, 1999
Descrpción Fis.	2 v. ; 26 cm.
Nota general	"Con el patrocinio del Ministerio de Relaciones Exteriores República de Chile"--port.
Subject-Geographic	CHILE ACUERDOS INTERNACIONALES
Materia	DERECHOS HUMANOS CHILE ACUERDOS INTERNACIONALES.

图 7-27 智利国家书目中基于 LCSH 制作的主题标目体系的样本

(4)拉脱维亚(Latvia):拉脱维亚国家书目(Nacionālā Bibliogrāfija)

拉脱维亚国家书目涵盖的产品内容有:自 1585 年以来本国出版的图书,以及 1940 年以后在国外出版的有关拉脱维亚主题的图书,

2000年以后的报纸、杂志、通讯、文集、年鉴等连续性出版物记录，2006年后又收录了预印本的信息。从2009年起，还增加了缩略图和图书影印资料的记录。1970年后建立了独立的国内期刊论文数据库。

拉脱维亚的主题检索是通过采用译版的《国际十进分类法》(将UDC译成拉脱维亚语)和《拉脱维亚标题表》(LSHL)来实现的。该主题标目系统最初是基于《美国国会图书馆标题表》(LCSH)发展而来的，目前涵盖了32000个词(内容主题词和地理词)[1]。UDC和标题表都控制在国家书目网络数据库里，在规范数据中，优选词是英语，而其他词汇是拉脱维亚语，因此用两种语言都能检索。《拉脱维亚标题表》中的控制词汇也用在了科学图书馆联合编目系统、公共图书馆OPACs和国家数字图书馆馆藏系统(Letonica)里，并且还要将控制主题和地理词汇运用到国家书目论文目录系列中，如图7-28所示。

1 《拉脱维亚主题标目的生成方法》，2008年出版，共5卷，www.lnb.lv/lv/bibliotekariem/standarti/publikacijas/PRPS-1sejums.pdf。

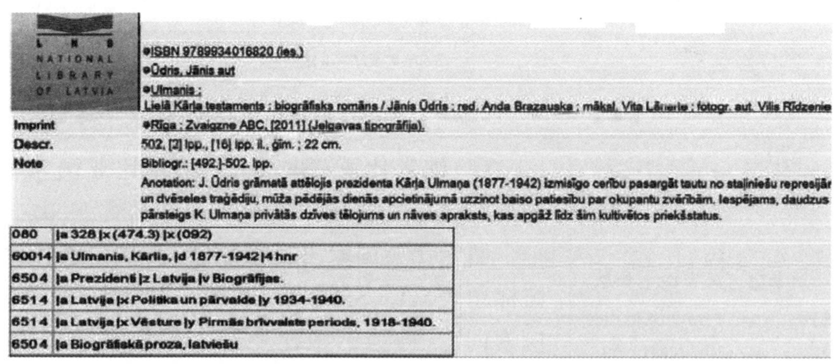

●ISBN 9789934016820 (ies.)
●Ūdris, Jānis aut
●Ulmanis :
Lielā Kārļa testaments : biogrāfisks romāns / Jānis Ūdris ; red. Anda Brazauska ; mākslin. Vita L[illegible] ; fotogr. aut. Vilis Rīdzenie

Imprint ●Rīga : Zvaigzne ABC, [2011] (Jelgavas tipogrāfija).
Descr. 502, [2] lpp., [16] lpp. il., ģīm. ; 22 cm.
Note Bibliogr.: [492.]-502. lpp.
Anotation: J. Ūdris grāmatā attēlojis prezidenta Kārļa Ulmaņa (1877-1942) izmisīgo cerību pasargāt tautu no staļiniešu represijār un dvēseles traģēdiju, mūža pēdējās dienās apcietinājumā uzzinot baiso patiesību par okupantu zvērībām. Iespējams, daudzus pārsteigs K. Ulmaņa privātās dzīves tēlojums un nāves apraksts, kas apgāž līdz šim kultivētos priekšstatus.

080	|a 328 |x (474.3) |x (092)
60014	|a Ulmanis, Kārlis, |d 1877-1942 |4 hnr
6504	|a Prezidenti |z Latvija |v Biogrāfijas.
6514	|a Latvija |x Politika un pārvalde |y 1934-1940.
6514	|a Latvija |x Vēsture |y Pirmās brīvvalsts periods, 1918-1940.
6504	|a Biogrāfiskā proza, latviešu

图7-28 拉脱维亚国家书目中运用的主题标目样本

(5)立陶宛(Lithuania):国家书目数据库(Nacionalinės Bibliografijos Duomenu Bankas)

立陶宛国家书目数据库(NBDB)涵盖了基于法定呈缴制度收缴的本国出版样本记录、其他文献、文献的部分章节和回溯性书目记录;同时也包括立陶宛书目和《犹太书目》的记录[1],并可以通过立陶宛语版的《美国国会图书馆标题表》(LCSH)和立语译版的《国际十进分类法》(UDC)来实现语言检索(图 7-29)。

1 立陶宛国家图书馆联机目录,http://www.lnb.lt/lnb/selectPage.do?docLocator=80&inlanguage=en&pathId=16。

Martynas Mazvydas National Library of Lithuania

Author:	Radzevičienė, Laisvė
Title:	Akiplėša, arba Tas ir kitas Arūnas Valinskas / Laisvė Radzevičienė
Release data:	Vilnius : Laisvos valandos [i.e. Žurnalų leidybos grupė, 2009] (Vilnius : Logotipas)
Extent:	271, [1] p. : iliustr., portr. ; 23 cm
Remarks:	Tiražas [5000] egz.
ISSN,ISBN,ISMN:	978-609-410-014-7
UDC:	342.534(474.5)(092)
	328(474.5)(092)
	008(474.5)(092)
	888.2-94
About person:	Valinskas, Arūnas, 1966-
Topic:	Įžymybės - Lietuva - Biografijos
	Įstatymų leidėjai - Lietuva - Biografijos
	Biografinė literatūra, lietuvių

图 7-29 立陶宛国家书目中运用的主题标目样本

(6)纳米比亚(Namibia):纳米比亚国家书目(Namibia National Bibliography,简称 NNB)

纳米比亚国家书目采用了《美国国会图书馆标题表》(LCSH)(第 20 版),并延伸了主题检索词汇,称为纳米比亚图书馆信息数据库[2]的"自由主题词"(图 7-30)。目录语言为英语。

2 纳米比亚国家图书馆数据库,http://wwwisis.unam.na/wwwisis/NML.02/FORM.HTM。

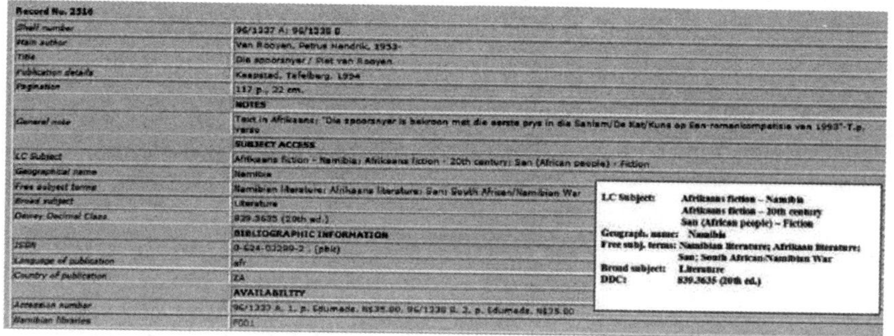

图 7-30　纳米比亚国家书目中结合运用了 LCSH 和国家主题词

（7）南非（South Africa）：南非国家书目[1]（South African National Bibliography，简称 SANB）

南非国家书目对书目记录主题检索是通过《杜威十进分类法》（DDC）的类号（1959—2006 年）和《美国国会图书馆标题表》（LCSH）（1992 年至今）来实现的（图 7-31）。

1　南非国家书目，http://www.nlsa.ac.za/NLSA/database

图 7-31　南非国家书目中应用 LCSH 的样本

7.1.2.2 其他标题表和叙词表

(1)《中国分类主题词表》[1] (Chinese Classified Thesaurus,简称 CCT)

20 世纪 80 年代,中国许多图书馆员意识到主题检索的重要性并一直强调发展汉语主题词体系。于是,中国在计算机信息系统中,建立了通用的《汉语主题词表》,用于主题标引,并且决定整合《中国图书馆分类法》和《汉语主题词表》,编制了《中国分类主题词表》(CCT)。《汉语主题词表》和之后的《中国分类主题词表》在汉语检索语言的标准化进程中发挥了至关重要的作用,也为中国的知识组织和信息处理的现代化发展起到了极大的推动作用(见图 7-32、图 7-33)。

1 Pong,Jonna 和 Celine 撰写的《数字时代下中文资料编目:中国编目标准与实践》,http://jlis.glis.ntnu.edu.tw/ojs/index.php/jlis/article/viewFile/473/473。

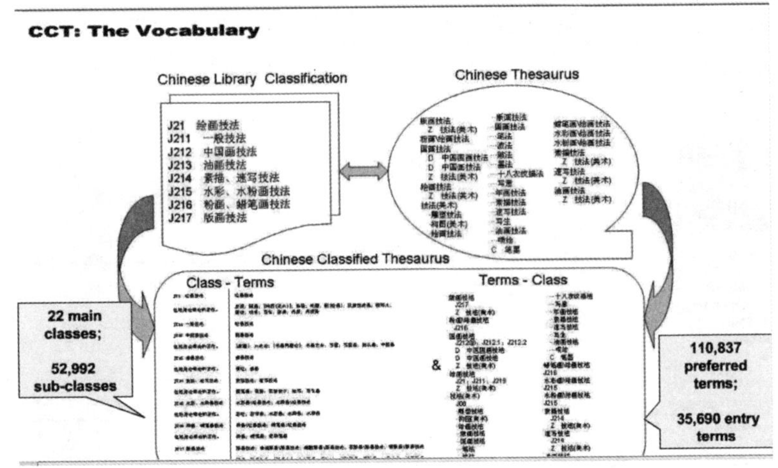

图 7-32 《中国分类主题词表》(CCT)的结构样本①

① Zeng,Marcia 和 Wei Fan 合撰的《SKOS 及其在传统叙词表进化为网络制式组织中的应用》,http://www.slideshare.net/mzeng/skos-and-its-application-in-transferring-traditional-thesauri-into-networked-kos。

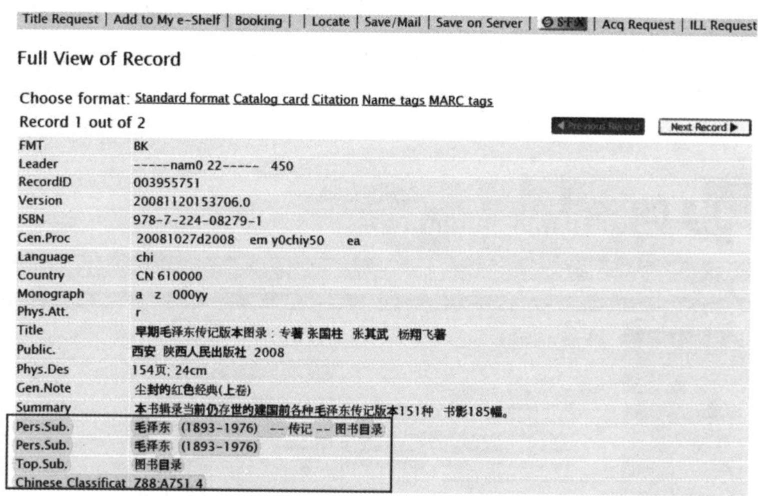

图 7-33 《中国分类主题词表》(CCT)应用于中国国家书目的样本

(2)《捷克主题规范文档》(Czech Subject Authority File,简称 CZENAS)

《捷克主题规范文档》(CZENAS)最初是基于《美国国会图书馆标题表》(LCSH),目前表现为一种整合标引和检索的工具,其中受控词汇与《国际十进分类法》(UDC)对应的符号和英语词汇相关联。受控词表结构与一个分类体系相连接,这样标引词汇之间的关系能够明确地表现出来。捷克语汇和《国际十进分类法》(UDC)类号之间的映射过程十分理性。简单或复杂的 UDC 类号(前组式)相互联系,优选词所对应的英文词汇几乎都选自《美国国会图书馆标题表》(LCSH)(图 7-34)。国家图书馆数据库和国家书目的处理过程基本上是一致的。《捷克主题规范文档》(CZENAS)包含专题、地理、时序的和类型/形式的词表(文档),在捷克国内的图书馆被广泛采用(图 7-35)。[1]

1 更多信息参见 Baliková 2009 年的研究。

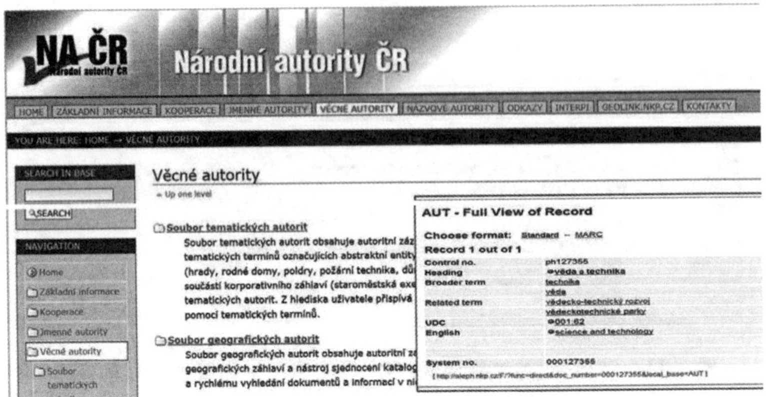

图 7-34 捷克国家权威门户(CR)主题规范词汇样本

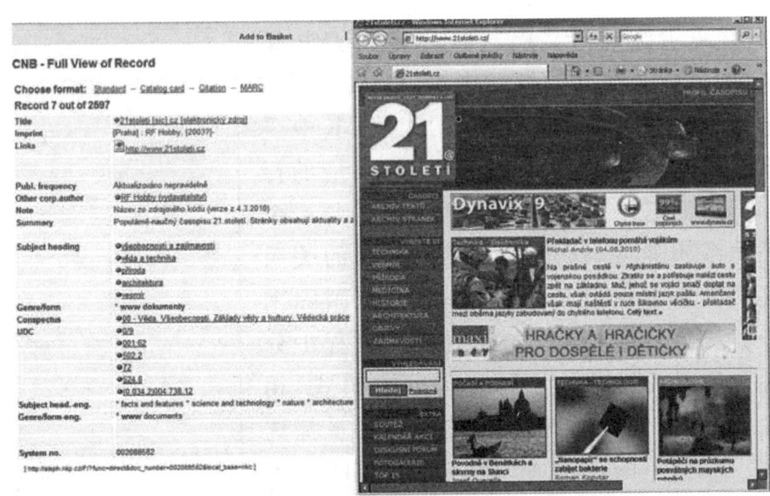

图 7-35 捷克国家书目记录中的主题数据样本

（3）《爱沙尼亚主题词表》（Eesti-märksõnastik，简称 EMS）

爱沙尼亚国家书目数据库（ERB）的出版物书目记录涵盖了本国所有语言的出版产品、国外出版的爱语的产品和爱沙尼亚作者创作的所有作品及其译本。新出版的作品作为法定呈缴本收入爱沙尼亚国家图书馆时会被系统登记；早期出版的作品也会一步步回溯进入数据库。

《爱沙尼亚主题词表》（EMS）是一部通用型受控词表，用于标引和检索爱沙尼亚各类图书馆的文献资料。EMS 包含 36000 个推荐词汇和 16000 个变体词汇，共计 52000 个词汇，分为 48 个主题学科（见图 7-36、图 7-37）。

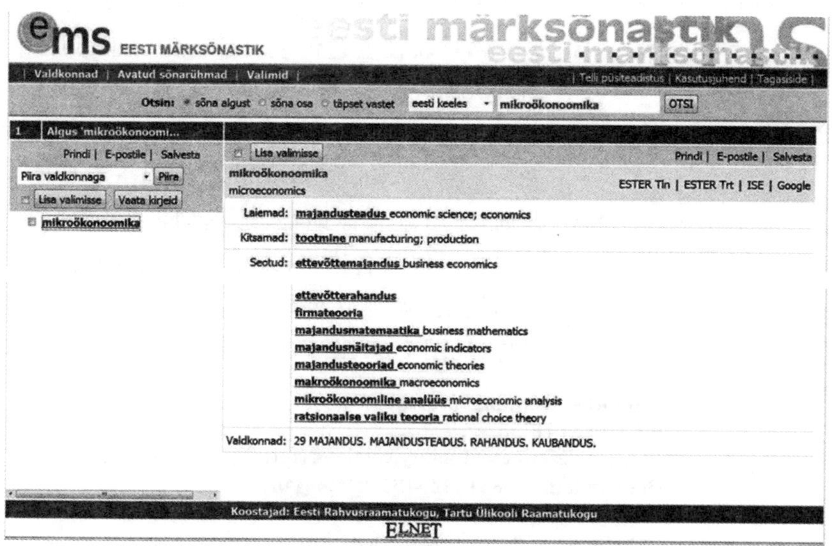

图 7-36 《爱沙尼亚主题词表》（EMS）的样本

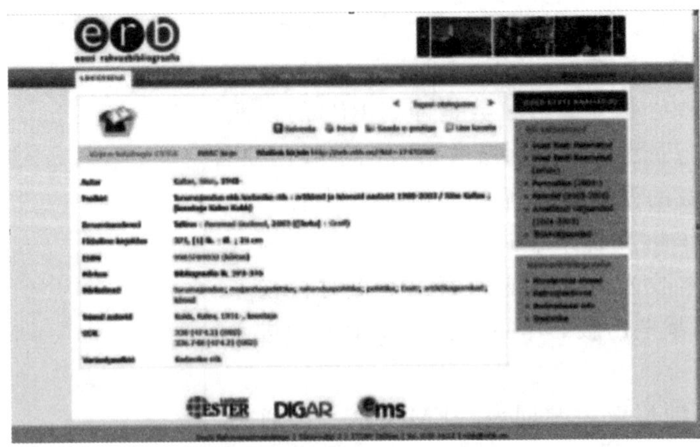

图 7-37　爱沙尼亚国家书目记录中的主题数据样本

EMS 替代了之前的《EÜM 叙词表》(EÜM thesaurus)，用于所有的图书馆，目前也用于爱沙尼亚国家书目数据库(ERB)。《爱沙尼亚主题词表》可以通过网络免费获取。[1]

(4)《联合主题词表》(Gemeenschappelijke Trefwoorden Thesaurus，简称 GTT)[2]

荷兰的国家标引语言称为《联合主题词表》(GTT)。该词表中可以看到以下类型的主题词：通用概念性词汇、地理词汇、机构名称、文化艺术作品名称、目录格式、小说种类，还有专属用语，如独立事件、药品和其他食物专属名称(见图 7-38、图 7-39)。

1　Eestimärksõnastik，http://ems.elnet.ee/。

2　Riesthuis，G. J. A. 著《GOO：荷兰国家主题标引系统》，http://archive.ifla.org/IV/ifla64/034-99e.htm。

Bibliotheekcatalogi (vorm)
PPN: 088141756
Engelse descriptor: Library catalogs (form)
Bredere term: !088142264!Catalogi (vorm)
Verwante term: !088141659!Bibliografieën (vorm)
Extra ingang: Aanwinstenlijsten (vorm)

图 7-38　《联合主题词表》规范词汇的样本

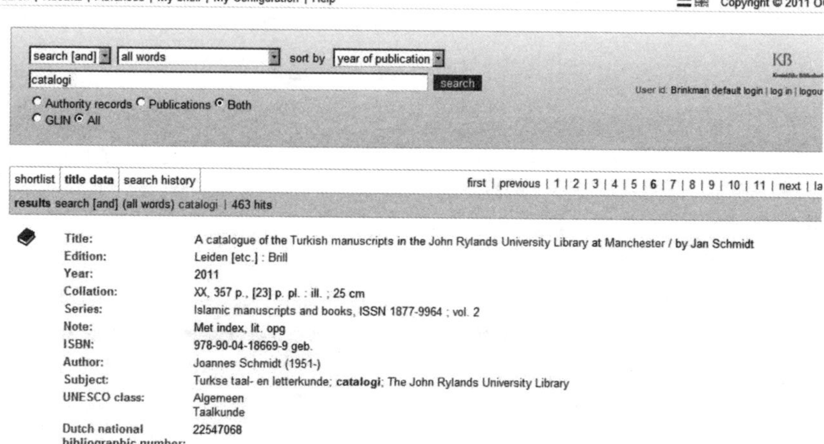

图 7-39　荷兰国家书目中呈现的主题标目样本

皇家图书馆采用了该词表，一些荷兰主流学术图书馆和其他类型的图书馆也使用了。

（5）《波兰国家图书馆主题法》[1]（Język Haseł Przedmiotowych Biblioteki Narodowej，简称 JHPBN）

《波兰国家图书馆主题法》（JHPBN）是一种由波兰国家图书馆所编制和维护的标引语言，用于当前波兰国家书目、国家图书馆目录及大部分波兰公共图书馆和教育图书馆的 OPAC 系统，还用于许多其他类型的图书馆，如研究、学术和学校图书馆等。此外，它也可以作为信息工具应用在许多网络书目数据库中，例如区域性书目和期刊标引。《波兰国家图书馆主题法》（JHPBN）是一种多层级结构的知识体系，词汇之间语义相连，构成层级关系

1　Klenczon，Wanda 著《波兰国家图书馆主题标目：从卡片目录到数字图书馆，关于本土主题标目体系在信息检索快速发展环境下的前途问题探讨》，析出自 Landry，Patrice，Leda Bultrini，Ed o'Neil，Sandra K. Roe 合著的《走向未来的主题检索》，2011 年德古意特出版社在慕尼黑出版，第 169-179 页。

或同级关系，表现为主类目和二级类目等。词表覆盖所有的主题领域，先组式标引可以帮助标引员标示复杂主题的文献（图 7-40）。目前，它已涵盖超过 123000 个词汇（包括 4000 个主题、25000 个地名和 1500 个主题复分）。

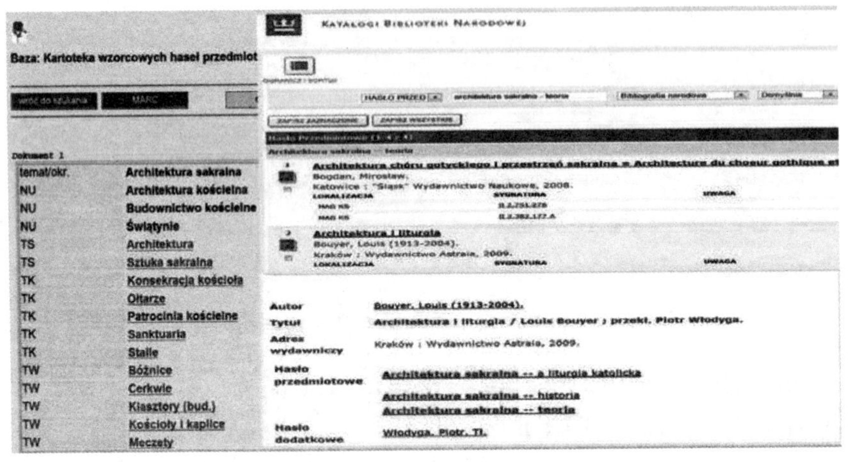

图 7-40　波兰国家书目主题标目样本

（6）《意大利通用叙词表》（Nuovo Soggettario）与意大利国家书目

《意大利通用叙词表》（Nuovo Soggettario）是一种意大利标引语言，包含一系列规则和一套受控词汇表。[1] 它的体系构架既可应用于先组式又可应用于后组式标引，到目前已经收录了 60000 条词汇。它的体系包括规则、词表、句法语用规则[2] 和主题词串四个部分（图 7-41）。

国家书目（Notizie Bibliografiche）的功能展现了意大利中央图书馆佛罗伦萨目录的关联记录，如图 7-42 所示，这个样本展现了一种典型的

1　佛罗伦萨国家中心图书馆，《意大利通用叙词表：意大利主题标引的发展，叙词表原型》，米兰，Bibliografica，© 2006（stampa 2007）；《意大利通用叙词表》，http://thes.bncf.firenze.sbn.it/index.html。

2　使用手册，http://thes.bncf.firenze.sbn.it/Manuale_applicativo.pdf。

句法关联的应用，能够建立一种表现复杂主题的同延词串，例如“1. Letteratura-Temi [:] Viaggi-1945-2005”。

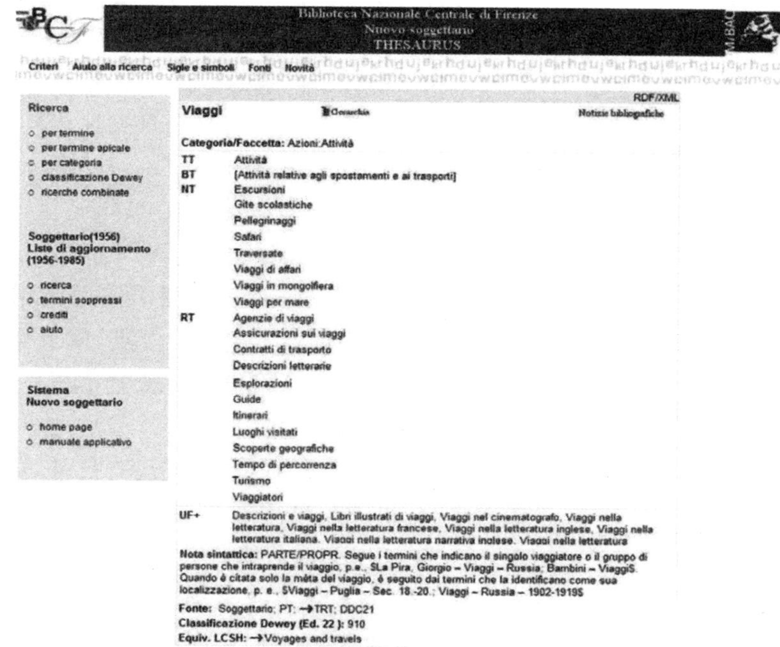

图 7-41 《意大利通用叙词表》的规范记录样本

图 7-42 意大利国家图书馆目录中检索 Nuovo Soggettario 主题标目(以及 DDC 完整标记)的样本

《杜威十进分类法》(DDC)的分类体系为《意大利通用叙词表》(NS)与连接其他语言标引体系搭建桥梁，因此成为NS的重要组成部分。它将DDC类号与《意大利通用叙词表》中结构化的词汇完全联系起来，能最大程度上实现两个独立的标引体系的整合与互通。[1]

(7)《统一字顺式和百科全书式规范目录》(Répertoire d'Autorité-Matière Encyclopédique et Alphabétique Unifié，简称RAMEAU)与法国国家书目(Bibliographie Nationale Française Enligne)

每当法国国家书目与法国国家图书馆的规范目录系统中创建了主题检索点，就意味着《统一字顺式和百科全书式规范目录》(RAMEAU)发挥了作用。[2]

《统一字顺式和百科全书式规范目录》自开始创建起，很大程度上源自《拉瓦尔主题词列表》(Laval RVM)，之后的发展又受《美国国会图书馆标题表》(LCSH)的影响。目前RAMEAU的语言体系拥有256000条词，其中88000条是通用名称，46000条是地名。它的标引手册的体系结构有一部分是依据《杜威十进分类法》(DDC)的层级结构组成的(图7-43)。

(8)《德国主题规范文档》[3](Schlagwortnormdatei，简称SWD)

《德国主题规范文档》(SWD)提供了一种受控词汇术语，能覆盖所有的学科知识领域。主题标目也是根据德国的主题目录规则而来的。规范文档由德国、奥地利、瑞士的多家图书馆参与共同编制，且每日更新(图7-44)。过

1 Crociani，Laura等人合著《意大利通用叙词表与DDC》，析出自《意大利通用叙词表介绍》，意大利，2007年2月8日，http://eprints.rclis.org/handle/10760/10077。

2 《统一字顺式和百科全书式规范目录》(RAMEAU)，http://rameau.bnf.fr/。

3 《德国主题规范文档》，http://www.d-nb.de/eng/standardisierung/normdateien/swd.htm。

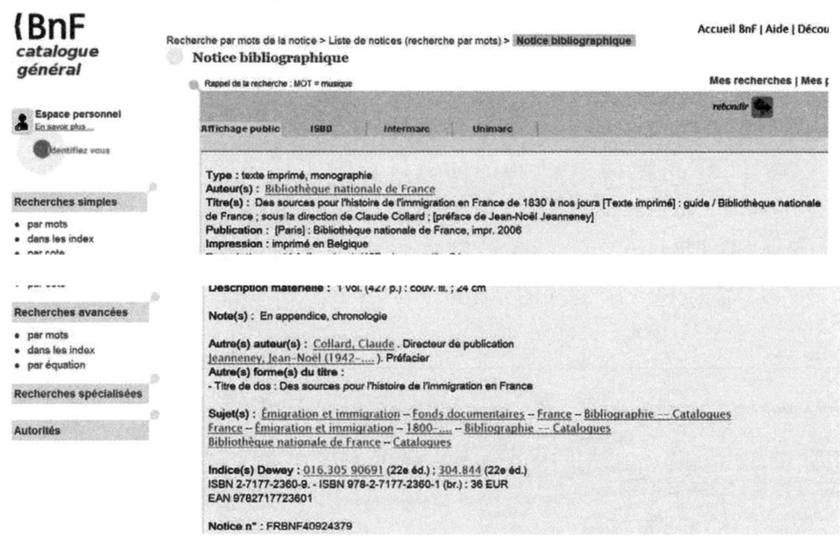

图 7-43 法国国家书目中呈现的主题数据样本

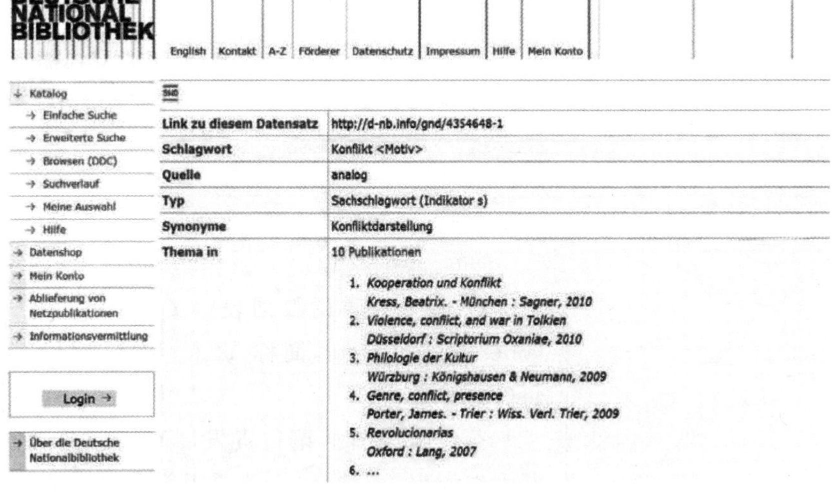

图 7-44 《德国主题规范文档》(SWD)的一个记录样本

去20年间，它已发展成了一个网络数据库资源，涵盖550000个词条，并且能与其他叙词表相关联，还有法语和英语的对应词汇，同时带有杜威的分类标记。因此，它能在分散且分布不均的标引目录中实现多语言检索。该词表不仅用于图书馆的馆藏编目，也在档案馆、博物馆的网络资源和其他馆藏资源编目中使用（图7-45）。[1]

1 Jahns, Yvonne 撰写的《〈德国主题规范文档〉(SWD) 20年——未来德国主题规范数据》，析出自 Landry, Patrice, Leda Bulytini, Ed O'neil, Sandra K. roe 合著《应对未来的主题检索》，德古意特出版社2011年在慕尼黑出版，第61-75页。

2010, A16 <000> Deutsche Nationalbibliografie

000 Allgemeines, Wissenschaft

<000> XA-DE-BY
http://d-nb.info/995823227 ∞ 09,N35
Großer, Hartmut: Top secret : Geheimprojekte und Technologien der Supermächte / Hartmut Großer. - Marktoberdorf : Argo, 2010. - 271 S. : Ill., graph. Darst., Kt. ; 23 cm . - Literaturangaben . - Inhaltsverzeichnis - ISBN 978-3-937987-87-3 Pp. : EUR 24.00 - EAN 9783937987873
SW: UFO ; Geheimunternehmen
DDC: 001.942

<000;610;150> XA-CH
http://d-nb.info/1001405730 ∞
Huter, Carl: Der Gebildete auf der Höhe : gesundes Urteil und starke Nerven / Carl Huter. Bearb., eingeleitet, mit Ill. vers. und hrsg. von Fritz Aerni. - Zürich : Carl-Huter-Verl., 2010. - 182 S. : Ill. ; 20 cm . - Literaturangaben - ISBN 978-3-03741-122-3 Pp.

004 Informatik

<004;650;S> XA-DE-NW
http://d-nb.info/958233527
Basiswissen IT-Berufe [Medienkombination]. - Troisdorf : Bildungsverl. EINS . - Teilw. im Verl. Stam, Köln
SW: Informationstechnik ; Beruf ; Berufsschule ; Schulbuch
DDC: 004.6
http://d-nb.info/999106864 10,N03

nitz>: Tagungsband / Chemnitzer Linux-Tage 2010 : 13. und 14. März 2010 / Team der Chemnitzer Linux-Tage ; Technische Universität Chemnitz. - Chemnitz : Univ.-Verl., 2010. - 136 S. : graph. Darst. ; 21 cm . - Literaturangaben . - Inhaltsverzeichnis - ISBN 978-3-941003-10-1 kart. : EUR 15.10
SW: LINUX ; Kongress ; Chemnitz <2010>
DDC: 005.432

<004;330> XA-DE-HE
http://d-nb.info/999102338 ∞ 10,N03
Deck, Klaus-Georg: Java-Grundkurs für Wirtschaftsinformatiker : die Grundlagen verstehen - objektorientierte Programmierung - fortgeschrittene Konzepte kennenlernen - betriebswirtschaftlich orientierte Beispiele ; [mit Online-Service] / Klaus-Georg Deck ; Herbert Neuendorf. - 2., aktualisierte und verb. Aufl. - Wiesbaden : Vieweg + Teubner, 2010. - XII, 456 S. : graph. Darst. ; 24 cm. - (Studium) . - Literaturangaben . - Inhaltsverzeichnis . - Inhaltstext - ISBN 978-3-8348-1222-3 kart. : EUR 31.95 - EAN 9783834812223
SW: Java <Programmiersprache> ; Wirtschaftsinformatik
DDC: 005.133

<004> XA-DE
http://d-nb.info/1000571130 ∞
Grill, Ortrun: Überzeugend präsentieren mit PowerPoint 2007 / Ortrun Grill ; Charlotte von Braunschweig. - 1. Ausg. - Bodenheim ; Wien : Herdt-Verl. für Bildungsmedien ; Dübendorf : Herdt-Verl. Schweiz, 2010. - 172 S. : Ill., graph.

<004> XA-DE
http://d-nb.info/1000058611 ∞
Peyton, Christine: Internet & E-Mail : [mit Windows 7 ; Sehen & Verstehen - das visuelle Praxisbuch] / Christine Peyton. - Düsseldorf : Data-Becker, [2010]. - 284 S. : Ill. ; 24 cm. - (Genial einfach!) . - Inhaltsverzeichnis - ISBN 978-3-8158-1904-3 kart. : EUR 14.95
SW: Internet ; Ratgeber ¤ E-Mail ; Ratgeber
DDC: 004.678 ¤ 004.692

<004> XA-DE
http://d-nb.info/1000571491 ∞
Raith, Michael: Windows 7 : Systembetreuer: Workstation / Michael Raith. - 1. Ausg. - Bodenheim ; Wien : Herdt-Verl. für Bildungsmedien ; Dübendorf : Herdt-Verl. Schweiz, 2010. - 189 S. : Ill. ; 29 cm. - (Herdt Classics) . - Inhaltsverzeichnis - kart.
SW: Windows 7
DDC: 005.44

<004> XA-DE
http://d-nb.info/1000876144 ∞
Reuscher, Dominik: PC & Windows 7 für Einsteiger : [Sehen & Verstehen ; das visuelle Praxisbuch] / Dominik Reuscher. - Düsseldorf : Data-Becker, [2010]. - 288 S. : Ill. ; 19 cm. - (Genial einfach!) . - Inhaltsverzeichnis - ISBN 978-3-8158-1902-9 kart. : EUR 14.95
SW: Personalcomputer ; Windows 7
DDC: 005.446

<004> XA-DE-HE
http://d-nb.info/999819429 ∞ 10,N05

图7-45 德国国家书目(pdf格式)中主题数据的样本

(9)《芬兰通用叙词表》(Yleinen Suomalainen Asiasanasto，简称YSA)与芬兰国家书目(Fennica)

芬兰国家图书馆负责发展和更新芬兰的两大叙词表：一种是《芬兰通用叙词表》(YSA)及其瑞典语译本(Allärs)，另一种是《芬兰音乐叙词表》(MUSA)及其瑞典语版本(CILLA)。目前还有网络版叙词表(名为 VESA),包含上述几种叙词表的所有内容,可在网上免费获取。[1] 图 7-46、图 7-47 分别为 YSA 和 Fennica 的样本。

1 VESA 网络词汇表,http://vesa.lib.helsinki.fi。

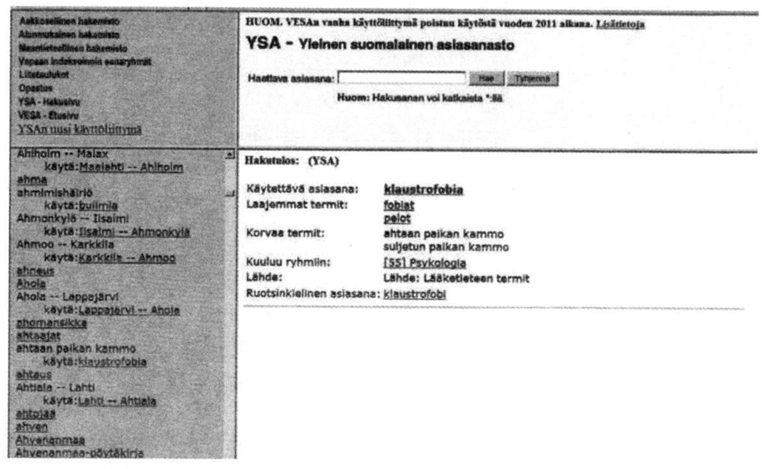

图 7-46 一条《芬兰通用叙词表》规范记录的样本

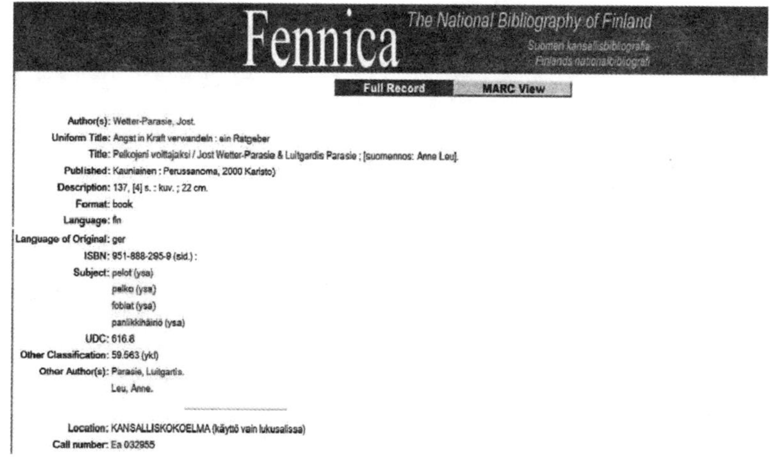

图 7-47 一条芬兰国家书日记录样本

7.2 关于标引层级政策的国家应用范例

如第 5 章所述，标引层级的应用要基于一系列综合的原因，例如国家书目的容量、信息资源本身的性质和种类、国家书目中心馆藏发展和优选收录的标准。描述性信息著录和主题编目的层级数各有不同，基于前文对规则的探讨，从三个层级到四个不等。在此列举一二。

(1)澳大利亚(Australia)

澳大利亚国家书目编目有三个层级——高级、中级、初级。编目层级决定编目记录中内容的多少与著录的详细程度。[1]

①高级编目表现为运用完整的描述数据及所有描述性主题检索点和注释来标识出版物，并覆盖全部有效搜寻点。配用《美国国会图书馆标题表》(LCSH) 中的主题词汇(通常 2 个或 3 个，最多不超过 6 个)进行标引；通常包含完整的分类标记和编码数据。高层级编目一般应用于多数的澳大利亚的出版物、本土原始资料和亚洲地方性信息资源。

②中级编目的记录一般包括一两个主题标目，有限的著录和编码数据，通常都有类号。中级编目通常用于不需要特别多检索搜寻的澳大利亚本土资源，如小说和娱乐性出版物，还有一些海外的资料(除亚洲地方性资料之外)也不需要太多检索点。

③初级编目通常只有基本的描述，一两个

1　澳大利亚国家图书馆编目政策，www. nla. gov. au/policy/cataloguing/NLA-CataloguingPolicy. html。

检索点，例如 ISBN 和作者名称，没有主题标引，可能有简短的类号(也只作索书号使用)。

(2)加拿大(Canada)

自 1996 年起，《加拿大书目》(*Canadiana*)就采用了四个编目层级——完整级、核心级、初级和简约级。[1] 编目层级应用于所有格式的材料，包括印制材料、视听资料、电子资料等。其中数字化资源还有附加额外的检索层级。[2]

①完整级编目——运用所有主题和描述性检索点，以及所有适用的标记语言；标引完整的 DDC 类号和 LCC 类号；多种标准化的主题标目，包括《美国国会图书馆标题表》(LCSH)、《加拿大标题表》(CSH)和《拉瓦尔主题词表》(RVM)；可生成规范标目记录。加拿大国家图书档案馆(LAC)的咨询部门、馆员资源中心，加拿大家谱收藏中心，热销的少儿图书、土著文化出版物和多文化出版物，有特殊文化遗产价值的音乐、文学和历史资源的信息都采用了完整级编目。

②核心级编目——通常使用 LCSH 标目词条，但不超过 2 个；LC 类号和 DDC 类号都标明；可生成规范标目记录。核心级编目多用于现行的音乐录音制品和联邦政府出版物。

③初级编目——不分派主题词；一般给资源分派 LC 类号(当然存在例外情况)，只有国家书目收录的产品才会有 DDC 类号；多数都可生成规范标目记录，不收进国家书目或收录进国家书目的法定呈缴预缴本属于例外情况。初级编目应用于省级政府出版物、外国音乐录

1 加拿大图书档案馆馆藏出版物编目定级策略，www. collectionscanada. gc. ca/cataloguing-standards/040006-2201-e. html。

2 数字出版资源编目定级处理的补充信息，www. collectionscanada. gc. ca/cataloguing-standards/040006-2201. 04-e. html＃a。

音制品、稀有图书馆藏、会议论文集、研究报告和教材教辅。

④简约级编目——不标引主题词；出于排架的原因分派 LC 类号；不分派 DDC 类号；不生成规范记录。这一层级的编目应用于所有类型的旧出版物，如手册、市政出版物、国外和国际官方出版物、非音乐录音制品、大众市场的虚构类出版物、时事通讯和一些小众出版物。

此外，新出的资源还会规定优先进行编目处理。加拿大一定程度采用了《书目指南》中提出的四个层级的建议，即基本级、加强级、综合级和规范级，从而制定自己的四级编目策略。

(3)捷克共和国(Czech Republic)

为了确保国家图书馆所有馆藏能被持续检索，捷克国家图书馆确立了三个基本主题编目层级：强化级(又分完整和核心两级)、初级和简约级。[1]

①强化级

a.强化完整级编目——分派所有适用的规范主题和类型/形式的检索点：《捷克主题规范文档》(CZENAS)中的专题词汇和地理词汇，通常只有 3 至 4 个，最多 10 个(只用于最为复杂的主题或档案)；CZENAS 中的类型/形式词汇不超过 4 个(用于检索小说读物)；标注 UDC/MRF 分类标记，和词汇一一对应；还有一两个概略类别(根据简介可能分派 2 个)；编码信息——标准区域号码(GAG)和年代号码；

1 捷克国家图书馆主题编目的主题规范，www.nkp.cz/_en/pages/page.php3?Page=fond_subjectcataloguing_eng_vp.htm。

主题词的英文版。

b.强化核心级编目——分派主要的规范主题和类型/形式检索点，即《捷克主题规范文档》(CZENAS)的专题词汇和地理词汇，最多不超过3个；CZENAS的种类/格式词汇一两个；UDC/MRF或UDC的大类标记1至3个，或1个概略类别。采用强化核心级编目的有印制乐谱、地图、图册、电子资源和音频资源。

②初级编目——分派一项可控的检索点，即UDC/MRF或者UDC大类或概略类别；可能会有自由关键词或非控主题词串。初级编目大多应用于1945年至1995年间的文档。

③简约级编目——没有可控的主题检索，但可能有自由关键词或非控主题词串，也可能完全没有主题检索。简约级编目主要应用于1945年以前的传统性文档。

7.3 公开的国家标引政策范例

主题检索的最佳范例是指某一国家书目中心在某些特定条件下所采取的主题解释方法能够被模式化，或稍做调整就可适用于其他信息机构在类似情况下做信息处理。

因此，一套设计精妙、公开透明的标引政策非常重要，因为它支持标引分类工作的宗旨和目标实现，即确保能通过一种标准的、持续的、更加便捷精准的检索途径获取知识文档(参见第6章)。

以下是一些公开的国家标引政策范例的

链接[1]：

丹麦(Denmark)

http://www.dbc.dk/om_dbc/nationale_opgaver/nationalbibliografi_old/nationalbibliografi-mappe/regler_standarder

法国(France)

http://www.bnf.fr/en/professionals/anx_cataloging_indexing/a.indexing_policy.html

http://www.bnf.fr/en/professionals/anx_cataloging_indexing/a.subject_reference_systems.html

瑞士(Switzerland)

http://www.nb.admin.ch/nb_professionnel/erschliessen/01495/01496/index.html?lang=en

1　已登记的国家书目列表参见：http://www.ifla.org/en/node/2216。

8 专业建议列表

主题检索标准与工具(参见第3章)

第1条建议 国家书目中心应该从国家的层面发展、维护和提升主题检索规则和标准,并发挥领导作用。

第2条建议 在选择国内标引工具方面可以考虑开展国际的合作。遵循国际标准,并在任何需要的地方共享和运用现有的工具。

第3条建议 通过语言标引和分类来实现可控型标引。

第4条建议 用本国的语言文字对国家书目收录的文献材料进行检索查询。

第5条建议 让用户既可以实现规范标引,也可以实现非规范标引。

第6条建议 运用一种可以覆盖所有主题和学科知识范畴的词语标引表。

第7条建议 使用一种国际分类法。

第8条建议 提供内容丰富的数据作为其他主题检索工具的有效补充。

国家书目的功能与界面(参见第4章)

第9条建议 根据主题排列国家书目,按大类排或分类法中主类目排。

第10条建议 在书目记录里呈现主题标目和类号。

第 11 条建议 提供完整的、易用的主题检索功能。

应用方案(标引/检索层级)(参见第 5 章)

第 12 条建议 对不同出版物选择主题编目层级时,要依据资源的重要程度,明确制定并公开所采用的选择标准。

第 13 条建议 采用两个主题标引层级:一个是完整级,即能够通过规范主题词和分类标记实现高级检索的标引处理;一个是初级,为大部分的资源提供至少一个可控主题词和(或)分类标记,必要时可以更精简。

国家书目中心的标引政策(参见第 6 章)

第 14 条建议 标引政策应保持清晰,通俗易懂,便于各类用户群使用。

第 15 条建议 同时公布内部使用政策和外部使用政策,并在网站上公布外部政策的本土白话文版和英语版。

第 16 条建议 标明采用了什么主题检索工具。

第 17 条建议 标明标引了哪些种类的信息资源。

第 18 条建议 标明采用的标引层级与适用的范围。

第 19 条建议 保持标引政策的连贯性,从而确保资源检索的一致性。

第 20 条建议 每一次做出变化时都要调整政策,且要清晰指出每条政策所适用的时段。

9 专业术语

相关性
(aboutness)

一部*作品*与对应*主题*间的联系。相关性是知识组织领域的一个核心概念,许多作者都为我们理解作品主题的关系本质作出了重要的贡献。[来源:《主题规范数据的功能需求(FRSAD)》概念模型]

摘要
(abstract)

对一种信息*资源*(图书、文章、演讲、报告、论文等)的内容不做解释和评论,只做简要叙述和摘录。[来源:《ANSI/NISO Z39.29—2005 美国参考文献著录标准》]

检索点
(access point)

用于检索和识别书目数据或规范数据的一个名称、词汇、代码等。[来源:《规范数据的功能需求及其对名称规范控制的影响》(FRAD)与《国际编目原则》(ICP)]

参见受控检索点。

规范控制
(authority control)

规范控制的目的就是为了保证价值展示的一致性 ——用作信息检索点的一个人名、一个地名,或者表现一个*主题*的*词汇*或编码。在几乎所有的大型书目数据库中,规范控制是通过利用一个规范文档以手动或者半自动的方式来实现的。[来源:《主题规范数据的功能需求(FRSAD)概念模型》]

数据库内协助保持名称或*词汇*一致格式的一系列规则或程序。[来源:"都柏林核心元数据计划"术语表(DCMI Glossary)]

规范检索点 (authorized access point)

按规则或标准确立与构建的一个实体的受控检索点。[来源:《国际编目规则》(ICP)]

规范文档 (authority file)

由一系列*规范记录*组成的集合。

这个文档包含检索点的数据 ——姓名、题名或者主题款目,这些主题款目在*书目记录*中已被规范化 。[来源:《主题规范数据的功能需求(FRSAD)》概念模型]

规范记录 (权威记录) (authority record)

能识别某一*实体*,并用于促进与*其相关的规范检索点检索*和任何*检索点*展示的一组数据单元。[来源:《国际编目原则》(ICP)]

登记了人名、企业名称、地名或主题词汇的首选形式的一种记录。标示了既定标目的多种变体形式;标目与书目信息或文化信息相关,标目之间也相互关联。[来源:"都柏林核心元数据计划"术语表(DCMI Glossary)]

自动标引 (automatic indexing)

通过计算机向*作品*的标题和(或)文本实施算法进行识别,并抽取词汇来揭示*主题*和主题标目著录的标引方法。[来源:图书馆学情报学在线词典[①](ODLIS)]

---

① 图书馆学情报学在线词典,Joan M. Reitz 编,http://lu.com/odlis/search.cfm。

书目控制
(bibliographic control)

对按序著录编排的条目记录进行精确识别和定位，旨在实现书目领域的检索。

书目著录
(bibliographic description)

识别某一*书目资源*的一组书目数据。[来源:《国际编目原则》(ICP)]

书目记录
(bibliographic record)

描述和检索某一*书目资源*以及识别相关*作品*和内容表达的一组数据单元。[来源:《国际编目原则》(ICP)]

书目资源
(bibliographic resource)

图书馆藏品及类似知识文艺收藏机构资源的*藏品*。在FRBR模型中书目资源指代第1组实体:作品、内容表达、载体表现和单件。[来源:《国际编目原则》(ICP)]

分类
(classification)

将类似或相关的事物集合，将不同或无关的事物分开，并将归类结果按一定逻辑和有效的序列组织起来。[来源:英国标准《信息检索用结构语义导则. 定义、符号和缩写》(BS 8723—1:2005)]

将事物归类的行为，此处是运用图书馆分类*法*将相同类型的事物归为一类。

分类法
(classification scheme)

根据一系列既定规则制定的组织方法，通常表现为实体间的关系层级结构和标记体系。[来源:《单语种受控词表编制、格式与管理规则》(ANSI/NISO Z39.19—2005)]

编排知识的一种逻辑方案，通常是*主题*方案。分类法是以字顺排列或数字排列。[来源：“都柏林核心元数据计划”术语表(DCMI Glossary)]

分类体系
(classification system)

详见分类法(classification scheme)

协作标签
(collaborative tagging)

详见社会标签(social tagging)

合集；收藏
(collection)

两种或两种以上的*作品*或作品章节结合在一起或一起发布，包括真实或虚拟的集合形式；

某一特定机构拥有的或创建的真实的或虚拟的一组*书目资源*。[来源：《国际编目原则》(ICP)]

概念
(concept)

思维的基本单位，是对某种具体或抽象的、真实或幻想的对象的一些或全部特征的组合。概念作为抽象*实体*存在于思维中，独立于对应的*词汇*表达。[来源：《单语种受控词表编制、格式与管理规则》(ANSI/NISO Z39.19—2005)]

一个抽象的观念或思想，广泛包含了体现*作品主题*的抽象事物：知识领域、学科、思想学派、理论、过程、技术、实践等。[来源：《书目记录的功能需求》(FRBR)、《规范数据的功能需求》(FRAD)、《国际编目原则》(ICP)]

内容分析 (content analysis)	参见主题分析(subject analysis)
内容增补(元)数据 (content enriched (meta) data)	参见增补编目(enriched cataloguing)
受控检索点 (controlled access point)	被记录在*规范记录*中的一个*检索点*。受控检索点包括名称规范形式,也包括那些变异形式。[来源:《国际编目原则》(ICP)]
受控词汇表 (controlled vocabulary)	一种持续被使用且仔细定义的*词汇*组合。[来源:"都柏林核心元数据计划"术语表(DCMI Glossary)] 在*主题分析*和主题检索中,会使用一种规范的语言组合作为标引*词汇*,例如*叙词表*、*标题表*、*分类表*和其他主题规范系统。这些主题系统依据功能和结构的变化,以及具体的使用群体,可以分别指代"受控词汇表"、"结构化词汇表"、"概念表"、"编码方案"和"*知识组织系统*"等。[源自《主题规范数据的功能需求(FRSAD)概念模型》]
转录编目(copy cataloguing)	对别的图书馆或信息机构的编目记录进行转换处理。
《杜威十进分类法》 (DDC)	全称 Dewey Decimal Classification,简称 DDC。 详情请参见 3.5.1 节。 国际应用案例请参见 7.1.1.1 节。

描述性编目
(descriptive
cataloguing)

编目工作的组成部分，提供描述性数据和非主题*检索点*。[来源：《国际编目原则》(ICP)]

叙词
(descriptor)

在索引中首选用于表达某一种概念或特征的*词汇*。[来源：美国《文摘指南》标准(ANSI/NISOZ39.14—1997)]

*与首选词(优选词)*同义。[来源：《单语种受控词表编制、格式与管理规则》(ANSI/NISO Z39.19—2005)]

在*标引*中，用于标识某部*作品主题*的单个词语、词组、短语或符号。叙词适用于汇集同一主题的*资源*于统一标准条目下，并组成*受控词汇表*。*参见关键词、首选词汇*。

词义消歧
(disambiguation)

消除歧义即去除模糊不清，使之清楚明晰。词义消歧主要针对异物同名和同物异名的情况。这种消歧是*受控词汇表*的一个常见的程序。[来源：Hjϕrland①]

增补编目
(enriched
cataloguing)

通过增补内容目录、文本样、索引、评论、封面等来强化网络图书馆书目记录的编目活动。

实体
(Entity)

书目数据用户真正关心的对象集合，被尽可能高度定义，且用于发展书目数据概念模型，如

① 知识组织的救生艇，概念(A至Z)，www.iva.dk/bh/lifeboat_ko/List%20of%20 concepts.htm。

FRBR、FRAD、FRSAD。[来源:《书目记录的功能需求》(FRBR)]

详尽度 (exhaustivity)	参见标引详尽度(indexing exhaustivity)
书目记录的功能需求 (FRBR)	全称 Functional Requirements for Bibliographic Records,简称 FRBR。由国际图联(IFLA)提倡的一种实体-关系概念模型,从用户的角度出发,将用户在检索网络馆藏目录和书目数据库时所履行的各项任务连接起来。http://www.ifla.org/files/cataloguing/frbr/frbr_2008.pdf。
自由文本检索 (free text searching)	在信息检索中使用*自然语言*(而不是从*受控词汇表*中选用*词汇*,例如规范*主题标目*或*叙词*)。 参见受控词汇、全文检索、关键词。
主题规范数据的功能需求(FRSAD)	全称 Functional Requirements for Subject Authority Data,简称 FRSAD。由国际图联(IFLA)建立的一个概念模型,属于功能需求(FR)模型家族中的第3部分,聚焦于作品的主题关联,如作品的*相关性*。http://www.ifla.org/files/classification-and-indexing/functional-requirements-for-subject-authority-data/frsad-final-report.pdf。
全文 (full-text)	可提供文档全文内容(除了*书目著录*信息)的电子资源(如书目数据库)。

全文检索(full-text retrieval)	参见全文检索(full-text searching)
全文检索(full-text searching)	一种将文档全文与检索进行项匹配的文本资源检索方法。
类型(genre)	文学、音乐、电影等艺术作品的类型、氛围或风格,也可指作品形式(如小说、短故事、诗歌、戏剧等),抑或文学作品的题材(探险、玄幻、恐怖、悬疑、爱情、科学、西方文化等)。
信息颗粒度(Granularity)	某一信息对象或信息*资源*被著录或被审视的详细程度。[来源:"都柏林核心元数据计划"术语表(DCMI Glossary)]
标目(heading)	参见主题标目(subject heading)
国家书目服务国际会议(ICBNS)	全称 International Conference on National Bibliographic Services,简称 ICBNS。
国际编目原则声明(ICP)	全称 Statement of International Cataloguing Principles,简称 ICP。 顺应数字时代的一种有关编目实践的一系列规则的国际化声明,旨在提供编目基础,促进标准化发展。该原则可应用于图书馆、档案馆、博物馆和其他团体编制书目及创建其他数据文档。 www.ifla.org/VII/s13/icc/#imeicc。

标引
(indexing)

参见主题标引(subject indexing)。

标引详尽度
(indexing exhaustivity)

定义为不同标引*主题*的数量。

参见标引专指性。

标引语言
(indexing language)

*受控词汇表*或*分类体系*及其应用规则。处理文档时使用一种标引语言诠释*概念*，以及在*信息检索*和*存储*系统中进行文档检索。[来源：《信息及文件编制　词汇》(ISO 5127/1)]

标引语言是一种人工语言，用于文档的主题*分类/标引*。

大多数时候分为*分类体系*与*词语标引语言*。

标引政策
(indexing policy)

某一书目机构选定实施的*主题标引*计划；决定采用哪种标引工具、对什么文献通过*主题*进行编目。这种政策的主要目的是保持研究结果的一致。

标引专指性
(indexing specificity)

指标引的某一*主题标目*或*叙词*或分类标记所表达的意义在多大范围内能匹配文档的某一个重要*主题*的程度。只要标引的*词汇*非常匹配作品的*主题*，无论是上位词或下位词，都可以成为专制词汇。[来源：图书馆学情报学在线词典(ODLIS)]

一种结构化词汇深入详细表达一个主题的能力。[来源：英国标准《信息检索用结构语义.导则.定义、符号和缩写》(BS 8723—1:2005)]

*标引语言*的专指性是索引语言准确表达文档主题的能力。有时候被定义为衡量标引文档实际*查准率*的指标。[来源:Hjϕrland]

标引工具
(indexing tools)

参见主题检索工具(subject access tools)

信息检索
(information retrieval)

参见信息存储与检索(information storage and retrieval)

信息存储与检索
(information storage and retrieval)

通过辅助设备、软件和存档等一系列操作,对内容对象进行标引并存储相关数据,从而使信息系统可以根据指令处理、抓取到所需要检索的内容对象。[来源:《单语种受控词表编制、格式与管理规则》(ANSI/NISO Z39.19—2005)]

《国际标准书目著录》(ISBD)

全称 International Standard Bibliographic Description,简称 ISBD。

为信息*资源*著录和标识详细制定的一套具体要求,给著录的各元素制定了规则,也详细制定出一套标点符号著录方法。

www.iflaorg/VII/s13/pubs/cat-isbd.htm。

关键词
(keyword)

一篇文档的自然语言中包含的词汇,且被认为对标引和检索至关重要。[来源:《单语种受控词表编制、格式与管理规则》(ANSI/NISO Z39.19—2005)]

揭示信息*资源*的一个主要*概念*或*主题*词;用

于目录检索和数据库检索。关键词是*自然语言*，意味着诠释文献主题并没有一个标准方法。

参见叙词、主题标目。

知识组织 (knowledge organization)

知识(的)组织或信息(的)组织，是图书馆学情报学科衍生的一个分支。在这里，知识组织指图书馆、数据库、档案馆信息领域对文献的著录、*标引*、分类等一系列专业活动。[来源：维基百科]

知识组织系统 (knowledge organization system)

叙词表、*标题表*、*分类法*和其他*主题规范*系统。这些系统依据功能和结构的变化以及用户群体的不同，可指代"*受控词汇表*"、"结构化词汇表"、"概念方案"、"编码方案"和"知识组织系统"等。[来源：《主题规范数据的功能需求(FRSAD)概念模型》]

KO

参见知识组织(knowledge organization)。

KOS

参见知识组织系统(knowledge organization system)

《美国国会图书馆分类法》(LCC)

全称 Library of Congress Classification，简称 LCC。

详情参见 3.5.3 节。

相关国家应用案例请参见 7.1.1.3 节。

《美国国会图书馆标题表》(LCSH)

全称 Library of Congress Subject Headings，简称 LCSH。

详情参见 3.4.1 节。

相关国家应用案例请参见 7.1.2.1 节。

《美国医学主题词表》(MeSH)

全称 Medical Subject Headings，简称 MeSH。

一部专门标引生命科学的期刊文章和图书文献的综合性*受控词汇表*。它也能用作*叙词表*，便于查询。由美国国家医学图书馆(NLM)编制并维护更新。

《美国医学主题词表》可以通过网络免费浏览下载：http://www.nlm.nih.gov/mesh/。原版为英语版，之后翻译为多种其他语言版本，可支持多种语言检索文档。

元叙词表 (meta-thesaurus)

某一学科领域或相关学科的专业词表，揭示*词汇*间的*语义关系*，且设计整合一系列分散独立的*受控词汇表*(*叙词表*)来促进信息检索。一个典型的案例是美国国家医学图书馆(NLM)研发的元叙词表，它作为医学统一语言系统(UMLS)的一部分，将生物医药学科的专业词汇都整合到一个单独的系统里。[来源：图书馆学情报学在线词典(ODLIS)]

自然语言 (natural language)

随着人类的长期使用演变出结构和规则的一种语言。而人工语言正好相反，在应用前就建立了规则并基于此发展起来，如计算机语言。如果使用那些可以专门处理自然语言键入信息的检索软件，用户就能同样使用口语或以书面方式输入同样的咨询内容。(如“在哪里可以找到弗雷德里克·道格拉斯的信息?”对应检索语句“弗

雷德里克·道格拉斯”)[来源:图书馆学情报学在线词典(ODLIS)]

人类用于词语沟通交流的语言。从自然语言文本中分离出来的,专门用于*标引*但不受*词表控制*的词汇通常被称为*关键词*。[来源:《单语种受控词表编制、格式与管理规则》(ANSI/NISO Z39.19—2005)]

参见受控词汇表、关键词。

非首选词汇(Non-preferred term)

参见变异词汇(variant term)。

标记符号(notation)

数字、字母和/或其他标记,用于表达一种*分类法*的主类目和子类目。表达*概念*和*关系*的标记组合。[英国《信息检索用结构语义.导则.定义、符号和缩写》标准(BS 8723—1:2005)]

本体论(ontology)

定义一组*概念*之间*语义关系*的层级结构,用于建立结构化的*受控词汇表*,以便搜寻或交换信息,例如*叙词表*。[来源:“都柏林核心元数据计划”术语表(DCMI Glossary)]

后组式标引(post-coodinated indexing)

参见后组式(post-coordination)。

后组式(post-coordination)

指一种标引阶段通过标引人员将文档*主题*解析为构成*概念*,但在用户检索时才将*首选词汇*组配在一起的*标引*体系。[英国标准《信息检索

用结构语义. 导则. 定义、符号和缩写》(BS 8723-1:2005)]

在搜寻阶段才进行*词汇*组合,而不是在*主题标目表*构建或标引阶段进行词汇组配。[来源:《单语种受控词表编制、格式与管理规则》(ANSI/NISO Z39.19—2005)]

在检索中将单个*词汇*组配成复合主题。

参见先组式、查全率。

查准率(precision)

*信息检索*中是衡量某一检索系统检出的相关文献与检出的全部文献的百分比的一种指标;与检出率同义。[来源:图书馆学情报学在线词典(ODLIS)]

参见先组式、查全率。

先组式(pre-coordination)

仅出于*检索*的目的,将标引文档的*首选词汇*按句法规则组配成一个或多个序列的*标引*体系。[英国标准《信息检索用结构语义. 导则. 定义、符号和缩写》(BS 8723—1:2005)]

是通过多词条*主题目标目*或链接上下级条目创建受控组配的正式表达方式,来体现主题*概念*或对象的*标引*体系。先组式通常用于确保相关表达间的逻辑区分。[来源:《单语种受控词表编制、格式与管理规则》(ANSI/NISO Z39.19—2005)]

在*主题标引*中指组合单个*概念*成复合概念或复杂*主题*。

参见后组式。

先组式标引 (pre-coordinated indexing)

参见先组式(pre-coordination)。

首选词汇 (preferred term)

用来表达某种概念的*词汇*。[英国标准《信息检索用结构语义.导则.定义、符号和缩写》(BS 8723—1:2005)]

在两个及以上的同义词或词汇变体中,作为主题词被选入收录在*受控词汇表*的那一个。[来源:《单语种受控词表编制、格式与管理规则》(ANSI/NISO Z39.19—2005)]

也可理解为*叙词*(主题词)。

根据规则或标准选择一个实体的名称,用作建立该实体*规范检索点*的基础。[来源:《国际编目原则》(ICP)]

参见叙词、非首选词汇。

查询 (query)

使用网络目录或书目数据库时输入的查询指令,用来检索用户所需的记录或*资源*。有些信息存储和检索系统可以实现用*自然语言*进行查询,但大多数系统要求用户能用人工*标引*语言来表达检索语句,以及用搜索软件能解读的句法来进行检索。查询不断接近信息需要,提供了搜索的动力。[来源:图书馆学情报学在线词典(ODLIS)]

查全率 (recall)

衡量一个系统检索所有目标文献能力的一项指标,通常表现为检出的相关文献与全部相关文献的百分比。[来源:《单语种受控词表编制、

格式与管理规则》(ANSI/NISO Z39.19—2005)]

*信息检索*中衡量检索文献数量完整度的标准。查全率高意味着在信息查询中所有相关的文献都被检索到了。

参见查准率。

相关词汇
(related term)

与既定词汇语义高度接近的*词汇*或*叙词*。在*叙词表*中,相关词汇通常编码为 RT,且用于其他种类的*语义关系*,而不用于近义关系(USE;UF)、同音异义(被插入式修饰语分隔开)、类属关系,也不用于总分关系(BT;NT)。相关词汇可能表达如对立关系、积极/消极关系、非正式关系、位置关系和聚合关系。[来源:Hjϕrland]

关系
(relationship)

*实体*之间或实体与其实例之间的特定连接。[来源:《书目记录的功能需求》(FRBR)、《国际编目原则》(ICP)]

信息资源
(resource)

任何提供信息的物质*实体*或虚拟实体。

参见作品。

检索(Retrieval)

参见信息存储与检索(Information storage and retrieval)。

语义关系
(semantic relations)

概念之间或意义之间的关系(而不是词汇之间)。在*信息检索*中,*语义关系*的基本功能被认为对增加*查全率*和*查准率*有作用。[来源:Hjϕrland]

语义网
(semantic web)

“语义网”是蒂姆·伯纳斯-李(Tim Berners-Lee)创造的一个词,将数据网络视作一种未来网络,类似一个世界数据库。语义网的基本结构会让机器和人类一样进行推理且组织信息。构架要素包括语义(要素意义)、结构(要素组织)和句法(交流)。http://www.w3.org/DesignIssues/Semantic.html。[来源:“都柏林核心元数据计划”术语表(DCMI Glossary)]

社会标签
(social tagging)

用户生成的标签,用来注释和分类*作品*的内容。

专指性(specificity)

参见标引专指性(indexing specificity)

主题
(subject)

一部作品的*主题*或*内容主题*。

参见相关性和主题分析。

主题检索
(subject access)

一种能让用户识别、定位和使用信息的途径,来满足他们教育、职业和个人的信息需求。

主题检索工具
(subject access tools)

表达或体现*主题*的体系和词表,被用于信息*资源*处理。大体上讲,分类工具和词汇工具分而独立。主题检索工具是专门设计用来帮助用户在海量出版信息中找到路径。

参见分类法、词语标引。

主题分析
(subject analysis)

识别一部*作品*的知识内容的过程。结果可能通过标*记符号*或*主题标目*在目录或书目里呈现。

主题规范控制 (subject authority control)	规范控制就是让*词汇*或编码表现*主题*时保持一致性的活动，从而在信息检索中作为主题检索点使用。确保所有同一*主题*的出版物都能被检索到并且展示在同一个*主题标目*下。[来源:《主题规范数据的功能需求(FRSAD)》概念模型]
主题规范数据 (subject authority data)	*规范文档*中的*主题*信息。 主题规范系统中的数据通过*语义关系*互相连接，表现为*主题规范记录*，或根据一些特殊的需要而生成(如展示上位概念和下位概念)。[来源:《主题规范数据的功能需求(FRSAD)》概念模型]
主题规范文档 (subject authority file)	一系列*主题规范数据*的集合。
主题规范记录 (subject authority record)	一个*概念*的一条*规范记录*，可以在既定的*标引语言*中展现出这个概念的*首选词汇*、交替格式和*非首选词汇*，以及它与其他概念之间的*语义关系*，并能用其他标引语言表现同一概念，与首选词保持一致，还可引用参考决定首选词汇的规范。
主题编目 (subject cataloguing)	编目工作的组成部分，专指提供标引受控主题*词汇*和(或)分类号的步骤。[来源:《国际编目原则》(ICP)] 参见标引。

主题分类法
(subject classification scheme)

参见分类法(classification scheme)

专业领域
(subject domain)

一种知识体系,一个研究领域,一种学科。

主题标目
(subject heading)

用于标识一部*作品*的*主题*的一个单词、一组单词或词组。主题标目的作用在于将属于同一*主题*的*资源*集合在一个标准的主题标目下。然后所有这些主题标目就形成*受控词汇表*。

标题表
(subject heading lists)

一种标准的、既定的*主题标目*列表。

主题索引
(subject index)

标引员为呈现一部作品的内容,选择主题词汇并按字母顺序排列的一种*主题标目*列表。通常与人物名称索引和地名索引分开。

主题标引
(subject indexing)

出于检索的目的在一项记录或一条索引里揭示一种*信息资源*(或部分信息资源,或一个"信息对象")的主题。通常会区分编目著录和主题标引两种不同的情况。"著录"标引强调具体实物,如创作者、标题、出版者、出版时间、出版地等等。然而主题标引则强调标识文档的"*主题*"。标引者可能会运用文档的不同部分,如标题、参考文献或全文。众所周知,标引质量取决于审读。也可能会运用不同的技术,如人类智力或计算机统计对词频的分析。主题标引过程是先进行*主题分析*，之后再将主题"解读"为特别的应用体系。[来源：Hjφrland]

主题标引是评估信息*实体*并创建*词汇*帮助搜寻和检索资源的过程。标引词汇可能是自然语言或*受控词汇*，抑或一个*分类标记*。

[来源："都柏林核心元数据计划"术语表(DCMI Glossary)]

从狭义上讲，标引有时仅用于*词语标引*。

主题标引政策(subject indexing policy)	参见标引政策(indexing policy)。
主题查询(subject searching)	使用*主题标目*或*分类标记*等工具来查询一部作品的*相关性*。
同义性(synonymy)	某一*词语*或短语与另一词汇有着同样(或非常近似相同)的或对等的一种*语义关系*。在*标引语言*里，同义词通过建立规范的首选标引词汇列表来实现受控，且同义词被视为等同。
目录(table of contents)(TOC)	图书或期刊里有关章节或文章标题的目录，通常见于*信息资源*的开头。
标签(Tagging)	参见社会标签(social tagging)。

词汇
(term)

为精确检索一条记录而使用的一个词语或短语。

专业术语
(terminology)

在某特定研究、学科或活动领域表达*概念*和*主题*的词语、短语和符号，通常都被清楚界定其内涵或外延意义(约定俗成或在使用者中达成共识的)，有时还会被收录进正式出版的术语集。与专用名词同义。[来源：图书馆学情报学在线词典(ODLIS)]

叙词表
(thesaurus)

一种*受控词汇表*，其中*概念*通过正式组织*首选词汇*表达出来，由此概念间的谱系*关系*也明晰展现出来，且首选词汇还伴有介绍词条来表现其同义词和准同义词。[英国《信息检索用结构语义.导则.定义、符号和缩写》标准(BS 8723—1：2005)]

用既定规则和结构编制的*受控词汇表*，可清楚呈现词汇间的多种关系，并通过标准化的关系指示符标识出来。关系指示符应该可以相互运用。[来源：《单语种受控词表编制、格式与管理规则》(ANSI/NISO Z39.19—2005)]

使用*词汇*并展现其之间语义关系的指南，以达到为信息存储与检索提供标准化*受控词汇表*的目的。

大类
(top classification hierarchies)

*分类法*中的最高层级，主要类目，或主要细目。

主题(专题) 标目 (topical heading)　表达某一概念、事物或一主题的某个方面的一种主题标目，而不是表达格式、地点或时间的。

《国际十进分类法》(UDC)　全称 Universal Decimal Classification，简称 UDC。

详情请参见 3.5.2 节。

国家应用案例请参见 7.1.1.2 节。

非(受)控检索点 (uncontrolled access points)　不被*规范记录*控制的一个*检索点*。[来源：《国际编目原则》(ICP)]

统一码 (unicode)　一种通用的编码体系，能实现世界主要语言以及古老文字之间的信息交换、处理和显示。统一码通过实现计算机不同语言之间的沟通，加强了多语言计算机领域的发展。同时也是统一码企业的注册商标。[来源："都柏林核心元数据计划"术语表(DCMI Glossary)]

变异词汇(异形词汇)(variant term)　可通往*受控词汇表*中的一个*首选词汇*的相关参照词条。与非首选词汇同义。

参见首选词汇。

词语标引(法) (verbal indexing)　用*主题标目*语言或某种语言体系的词汇进行*标引*。

参见主题标目。

网络资源 (web resources)　数字出版物；网络出版物，如电子书、电子期刊、网站，也包括数字化文档。

作品 (work)	独有的知识或艺术的创作。[来源:《书目记录的功能需求》(FRBR)、《规范数据的功能需求》(FRAD)、《国际编目原则》(ICP)]

参考文献

[Anderson and Pérez-Carballo, 2001] Anderson, James D. and José Pérez-Carballo: The nature of indexing: How humans and machines analyze messages and texts for retrieval. In: Information Processing & Management, 37 (2001), p. 231-277.

[Ardö, 2009] Ardö, Anders: Automated classification: insights into benefits, costs, and lessons learned. In: Extensions and Corrections to the UDC, 31 (2009), p.171.

http://www. udcc. org/seminar2009/presentations/ardo _ UDCSeminar2009. pdf.

[Balikova, 2009] Balíková, Marie: Focusing on user needs: new ways of subject access in Czechia. 2009, http://www. ifla2009satelliteflorence. it/meeting2/program/assets/Balikova. pdf.

[Bell, 1998] Bell, Barbara: An Annotated Guide to Current National Bibliographies. München: Saur 1998.

[Broughton, 2004] Broughton, Vanda: Essential classification. London: Facet Publishing 2004.

[Broughton, 2006] Broughton, Vanda: Essential thesaurus construction. London: Facet Publishing 2006.

[Chan, 2001] Chan, Lois Mai: Library of Congress Classification in a New Setting: Beyond Shelfmarks. Washington, D.C.: Library of Congress, Cataloging

Distribution Service, 2001.

[Chan and Hodges, 2000] Chan, Lois Mai and Theodora Hodges: Entering the Millennium: A New Century for LCSH. In: Cataloging & Classification Quarterly 29 (2000), 1/2, p. 225-226.

[Garshol, 2004] Garshol, Lars Marius: Metadata? Thesauri? Taxonomies? Topic maps! Making sense of it all. 2004, http://www.ontopia.net/topicmaps/materials/tm-vs-thesauri.html.

[Gorman, 2004] Gorman, Michael: Authority Control in the Context of Bibliographic Control in the Electronic Environment. Cataloging & Classification Quarterly 38, no. 3/4 (2004), p. 11-22.

[Haddad, 1999] Haddad, Peter: National bibliography in Australia: Moving into the next millennium. In: Conference Proceedings, 65th IFLA Council and General Conference, Bangkok, Thailand, 20-28 Aug. 1999, http://ifla.queenslibrary.org/iv/ifla65/papers/016-123e.htm.

[Hazen, 2004] Hazen, Dan: National bibliography in a globalized world: The Latin American case. In: Programme and Proceedings, 70th IFLA General Conference and Council, Buenos Aires, Argentina, 22-27 Aug. 2004, http://archive.ifla.org/IV/ifla70/papers/158s-Hazen.pdf.

[Heiner-Freiling, 2000] Heiner-Freiling, Magda: Survey on Subject Heading Languages Used in National Libraries and Bibliographies. In: Cataloging & Classification Quarterly, (2000)29, p. 189.

[Hjϕrland, 2005] Hjϕrland, Birger: Semantics and knowledge organization. In: Annual Review of Information Science and Technology, 41 (2007), p. 367-405.

[Injac, 2010] Injac, Vesna: Bibliography of Serbia-free online edition. In: Programme and Proceedings, 76th IFLA General Conference and Assembly, Gothenburg, Sweden, 10-15 Aug. 2010, http://www.ifla.org/files/hq/papers/ifla76/91-injac-en.pdf.

[Knutsen, 2001] Knutsen, Unni: Changes in the National Bibliographies 1996-2001. In: Conference Programme and Proceedings, 67th IFLA Council and General Conference, Boston, USA 16-25 Aug. 2001, http://www.ifla.org/IV/ifla67/papers/143-199e.pdf.

[Knutsen, 2003] Knutsen, Unni: Electronic national bibliographies: State of the art review. In: Programme and Proceedings, 69th IFLA General Conference and Council, Berlin, Germany, 1-9 Aug. 2003, http://www.ifla.org/IV/ifla69/papers/109e-Knutsen.pdf .

[Krooks and Lancaster, 1993] Krooks, D. A. and F.W. Lancaster: The evolution of guidelines for thesaurus construction. In: Libri 43 (1993), 4, p. 326-342.

[Lambrecht, 1992] Lambrecht, Jay H.: Minimal Level Cataloging by National Bibliographic Agencies. München: Saur 1992.

[Landry, 2009] Landry, Patrice: Guidelines for Multilingual Thesauri. In: Programme and Proceedings, 75th IFLA General Conference and Assembly, Milan, Italy, 23-27 Aug. 2009, http://www.ifla.org/files/hq/papers/ifla75/215-landry-en.pdf .

[Landry, 2011] Landry, Patrice and Leda Bultrini, Ed O'Neill, Sandra K. Roe: Subject Access: Preparing for the Future. München: DeGruyter 2011.

[Lopes and Beall, 1999] Lopes, Maria Ines and Julianne Beall: Principles underlying subject heading languages (SHLs). München: Saur 1999.

[Lucarelli et al, 2009] Lucarelli, Anna, Alberto Cheti and Federica Paradisi: Subject indexing in Italy: Recent advances and future perspectives. In: Programme and Proceedings, 75th IFLA General Conference and Assembly, Milan, Italy, 23-27 Aug. 2009, http://www.ifla.org/files/hq/papers/ifla75/200-lucarelli-en.pdf.

[Mann, 2005] Mann, Thomas: Will Google's keyword searching eliminate the need for LC cataloguing and classification? 2005, http://www.guild2910.org/searching.htm.

[Markey, 2006] Markey, Karen: Forty Years of Classification Online: Final Chapter or Future Unlimited? In: Cataloguing & Classification Quarterly 42 (2006), 3, p. 1-63.

[McKeen, 2008] McKeen, Liz: Canadiana, the National Bibliography for Canada in the Digital Age. In: Programme and Proceedings, 74th IFLA General Conference and Council, Québec, Canada, 10-14 Aug. 2008, http://archive.ifla.org/IV/ifla74/papers/ 162-McKeen-en.pdf.

[Olson and Boll, 2001] Olson, Hope A. and John J. Boll: Subject analysis in online catalogs. Englewood, Colorado: Libraries Unlimited 2001.

[Parent, 2008] Parent, Ingrid: The importance of National Bibliographies in the Digital Age. In: Programme and Proceedings, 73rd IFLA General Conference and Council, Québec, Canada, 10-14 Aug. 2008, http://archive.ifla.org/IV/ifla73/papers/089-Parent-en.pdf.

[Pollitt, 1997] Pollitt, A. Steven: The key role of classification and indexing in view-based searching. In: Conference Programme and Proceedings, 63rd IFLA General Conference, Copenhagen, Denmark, 31 Aug.-5 Sept. 1997, http://archive.ifla.org/IV/ifla63/63polst. pdf.

[Rowley, 1994] Rowley, Jennifer: The controlled versus natural indexing languages debate revisited: A perspective on information and retrieval practice and research. In: Journal of Information Science, 20 (1994), 2, p. 108-119.

[Shields, 2005] Shields, Ginger: LI-842 Automatic Indexing Assignment. 2005, http://www.shieldsnetwork.com/LI842_Shields_Automatic_Indexing.pdf.

[Soergel, 2009] Soergel, Dagobert: Illuminating chaos: Using classification to harness the Web. Presented at Classification at a Crossroads: Multiple Directions to Usability, International UDC Seminar, The Hague, 29-30 Oct. 2009, http://www.udcc.org/seminar2009/ presentations/soergel_UDCSeminar2009.pdf.

[Svenonius, 1995] Svenonius, Elaine: Precoordination or not? In: Subject indexing: principles and practices in the 90's. Proceedings of the IFLA Satellite meeting held in Lisbon, Portugal, 17-18 Aug. 1993, München: Saur 1995, p. 231-255.

[Svensson and Jahns, 2010] Svensson, Lars G. and Yvonne Jahns: PDF, CSV, RSS and other Acronyms: Redefining the Bibliographic Services in the German National Library. In: Programme and Proceedings, 76th IFLA General Conference and assembly, Gothenburg, Sweden, 10-15 Aug. 2010, http://www.ifla.org/files/hq/papers/ifla76/91-svensson-en.pdf.

[Tillett and Cristán, 2009] Tillett, Barbara B. and Ana Lupe Cristán [ed.]: IFLA Cataloguing Principles: The Statement of International Cataloguing Principles (ICP) and its Glossary in 20 Languages. München: Saur 2009.

[Williamson, 1995] Williamson, Nancy J.: Standards and standardization in subject analysis systems: Current status and future directions. In: Subject indexing: Principles and practices in the 90's. Proceedings of the IFLA Satellite meeting held in Lisbon, Portugal, 17-18 Aug. 1993, München: Saur 1995, p. 278-291.

[Žumer, 2005] Žumer, Maja: Guidelines for (electronic) national bibliographies: Work in progress. In: Conference Programme & Proceedings. 71st IFLA General Conference and Council, 14-18 Aug. 2005, Oslo, Norway, http://archive.ifla.org/IV/ifla71/papers/073e-Zumer.pdf.

[Žumer, 2009] Žumer, Maja [ed.]: National Bibliographies in the Digital Age-Guidance and New Directions. München: Saur 2009.

其他引用资源

IFLA Study Group on the Functional Requirements for Bibliographic Records: Functional Requirements for Bibliographic Records: Final report. München: Saur 1998.

IFLA Working Group on the Functional Requirements for Subject Authority Records, Zeng, Marcia Lei, Maja Žumer and Athena Salaba [ed.]: Functional Requirements for Subject Authority Data. München: Saur 2011, http://www.ifla.org/files/classification-and-indexing/functional-requirements-for-subject-authority-data/frsad-final-report.pdf.

Working Group on Guidelines for Multilingual Thesauri, IFLA Classification and Indexing Section: Guidelines for Multilingual Thesauri. The Hague: International Federation of Library Associations and Institutions 2009, http://archive.ifla.org/VII/s29/pubs/ Profrep115.pdf.

Working Group on Guidelines for Subject Authority Files of the Section on Classification and Indexing of the IFLA Division of Bibliographic Control: Guidelines for Subject Authority and Reference Entries. München: Saur 1993.

The Final Recommendations of the International Conference on National Bibliographic Services, 1998, http://archive.ifla.org/VI/3/icnbs/fina.htm.

Open Knowledge Foundation: Principles of Open Bibliographic Data, Jan 17, 2011, http://openbiblio.net/principles.

附录Ⅰ 工作组背景介绍

2003年

国际图联(IFLA)*国家书目主题检索标准指南工作组*(Working Group on Guidelines for Subject Retrieval Standards in National Bibliographies)最初是在柏林的年会上提议发起的,负责人是 Martin Kunz。其他成员有 Julianne Beall、Anders Cato、Patrice Landry、Dorothy McGarry 和 Maja Žumer。

2004年

Martin Kunz 向国际图联(IFLA)分类标引组常务委员会递交了一份工作组报告。当时工作组被命名为*最佳应用实例指南工作组*(Working Group on Best Practice Guide)。工作组想要探究国家图书馆主题检索方面最初级的标准。他们查询了提供主题检索的文档甄选标准,并表明有些指南已经纳入 ISO 标准体系,但有些还没有。

常委会认同工作组各方面条件已经成熟,并在布宜诺斯艾利斯年会后将其更名为*国家书目中心主题检索初级需求指南工作组*(Working Group on Guidelines for Minimal Requirements for Subject Access by National Bibliographic Agencies)。

Martin Kunz 和 Patrice Landry 在小组上报告已有 8 名成员,并且还要寻找更多人加入。他们设定在 2005 年 6 月将完成 3 项目标任务:重新划定研究范围并起草参考术语,2005 年初完成调查表,确定收集、分析数据的方法步骤。就这样,第一年是试验性的,且完全建立在哥本哈根会议有关国家书目探讨和 Barbara Bell 著作的理论基础上。同时他们也想在组内测试。Pia Leth 建议从书目组吸纳一个人加入。Lois Chan 注意到 Magda Heiner-Freiling 也出了一份同类型的调查报告。

Dorothy McGarry 审查了研究范围，到 2004 年 11 月为止，工作组工作开展顺利。

2005 年

由于在共同责任的问题上出现了两个负责人，因此需要重新任命工作组、从常委会重新指派成员，并重新制定工作组的任务。在 Martin 退休后，重新建立了工作组，也更新了工作计划。

在国际图联奥斯陆年会期间，鼓励新的成员加入小组。目标是在国家书目中促进主题标引与分类的应用。年会期间有 12 人表示有兴趣加入，并在接下来数月审查了参考条款。工作组去除了“初级需求”，更名为*国家书目中心主题检索指南*（Guidelines for Subject Access by National Bibliographic Agencies）工作组，表明研究目标不仅限于初级主题检索，并提出一项未来两年的行动计划。2005 年 10 月至 11 月期间，工作组汇集了各种国家书目中心的标引政策，来决定是否需要进行调研。于是工作组罗列了邮递清单，同事们纷纷寄送了他们的分类法、标题表、叙词表及其简版政策（英语版或法语版）。工作组的目标是编制出指南，也为那些从事创新主题语言工作的同事提供帮助。这项工作的目的不是树立一项国际图联（IFLA）的政策，而是表现出政策的多样性和众多国家图书馆的不同应用实践。

2006 年

指南宣称的目标是向国家书目相关利益者开放。小组赞同将重点集中在国家图书馆主题标引政策并已收集了 6 个国家的相关政策（瑞士、法国、德国、加拿大、美国和英国）。尽管这些案例都来自西方国家，但工作组称他们各有不同，且并不能作为运行模版。指南的框架将在首尔年会期间进一步探讨。

2007 年

Patrice Landry 希望从不同的国家书目中心获得更多的政策，这样工作组就能从中提取具有通用价值的元素。2月他在巴黎会见了Françoise Bourdon，Françoise已经总结出一些这样的元素。他们将信息写在纸上，并于IFLA德班年会期间，在国家图书馆举行的C&I会议上做了宣讲，之后在年会期间的工作组会议上又做了进一步讨论。

2008年

由于身兼IFLA书目控制组和本指南工作小组的负责人Patrice Landry投入此项工作的精力十分有限，对此他深表歉意，但还是连任了工作组组长。所有参与成员都表示他们仍对此项工作兴趣不减。

2009年

由于成员的工作量很满，工作组的工作一直无法顺利开展，这种情况延续到夏季。然而，成员们都认为这项工作应该继续下去，尤其是在数字书目指南的背景下，所有人都赞同工作组必须有一个负责人，重新安排组织工作。Barbara Tillett和Maja Žumer强调了国家书目主题检索的重要性，同时也是《国际编目原则声明》(ICP)倡导的。Françoise Bourdon提议工作小组与编目组和书目组合作，Maja建议吸收《数字时代下国家书目指南》工作组成员进来一起工作。Yvonne Jahns接任了工作组负责人的职位。在米兰年会的时候开了一次会议。布置了一系列工作且目前都已经完成，例如Françoise Bourdon和Patrice Landry起草指南文件，并且已由书目组正式出版了。通过建立维基有效地推进指南起草工作。2009年12月，国际图联总部出资在德国举办了工作组半年会议。在那里成员们对指南的大纲达成一致。预计目标是准备好指南讨论稿进行全球审阅，然后再交给Saur出版社于2011年正式出版。

2010年

成员们分担指南各个章节的撰写工作，并同时对《数字时代下国家书目指南》做补充。哥德堡年会期间开了工作会议。

2011 年

2011 年 3 月，国际图联出资在德国组织了一次半年会议，最终总结了建议。2011 年 5 月至 7 月，指南初稿进行全球审阅讨论。澳大利亚、奥地利、加拿大、捷克、丹麦、以色列、意大利(佛罗伦萨)、拉脱维亚、新西兰的国家图书馆和美国农业图书馆等机构和专家给出反馈意见。在国际图联波多黎各圣胡安年会期间，工作小组最后开了两个会议，分析讨论了意见反馈并修改了指南。

附录Ⅱ IFLA 国家书目中心主题检索指南工作组成员

始终参与工作组工作以及曾经贡献力量的成员名单如下：

Marie Balíkovά	捷克国家图书馆，捷克共和国
Julianne Beall	美国国会图书馆，美国
Françoise Bourdon	法国国家图书馆，法国
Pino(Giuseppe) Buizza	奎里安娜图书馆，布雷西亚，意大利
Leda Bultrini	拉齐奥区域环境保护局，罗马，意大利
Anders Cato	哥德堡大学图书馆，瑞典
Charlene H. Chou	哥伦比亚大学，纽约，美国
Jonathan Furner	教育与情报研究生院，加州大学，洛杉矶，美国
Yvonne Jahns（组长 2009—2012）	德国国家图书馆，德国
Ulrike Junger	德国国家图书馆，德国
Martin Kunz（联合组长 2003—2005）	德国国家图书馆，德国
Patrice Landry（组长 2003—2009）	瑞士国家图书馆，瑞士
Dorothy McGarry	加州大学，洛杉矶，美国
Sirje Nilbe	爱沙尼亚国家图书馆，爱沙尼亚
Eunice Maria Silva Pinto	艺术图书馆，里斯本，葡萄牙
Ingebjorg Rype	挪威国家图书馆，挪威
Magdalena Svanberg	皇家图书馆，瑞典
Thordis T. Thorarinsdottir	Sund 高中图书馆，雷克雅未克，

	冰岛
Barbara Tillett	美国国会图书馆,美国
Nancy J. Williamson	图书与情报学院,多伦多大学,加拿大
Ekaterina Zaytseva	俄罗斯国家公共科技图书馆,俄罗斯
Marcia Zeng	图书与情报学院,肯特州立大学,美国
Maja Žumer	卢布尔雅那大学,斯洛文尼亚